E-Book inside

Mit dem Kauf dieses Buchs erhalten Sie das zugehörige E-Book gratis. Sie können dabei aus drei Dateiformaten wählen: EPUB (gängiges Format für E-Reader und Tablets), PDF (für PC und Laptop) oder MOBI (für den Amazon Kindle). So kommen Sie an Ihr kostenloses E-Book:

Rufen Sie im Internet diese Website auf:
↗ http://www.junfermann.de/ebook-inside

Geben Sie den unten stehenden Code in das dafür vorgesehene Feld ein und klicken Sie → Code einlösen. Nach Eingabe Ihrer E-Mail-Adresse und Auswahl des E-Book-Formats erhalten Sie sofort einen Download-Link für das gewünschte E-Book an Ihre E-Mail-Adresse.

Bitte beachten Sie, dass der Code für Sie personalisiert wird und nur einmal gültig ist. Die Datei müssen Sie zunächst auf Ihrem Computer speichern, bevor Sie sie auf ein mobiles Endgerät überspielen können.

W0328023

MM89VGWL

Gill Hasson

Warum Glück keine Glückssache ist

www.junfermann.de

blogweise.junfermann.de

www.facebook.com/junfermann

twitter.com/junfermann

www.youtube.com/user/Junfermann

www.instagram.com/junfermannverlag

GILL HASSON

WARUM GLÜCK KEINE GLÜCKSSACHE IST

Aus dem Englischen von
Claudia Campisi

Junfermann Verlag
Paderborn
2020

Titel der Originalausgabe *Happiness. How to Get into the Habit of Being Happy*

Übersetzung Claudia Campisi

Coverfoto © Camille – stock.adobe.com

Coverentwurf Junfermann Druck & Service GmbH & Co. KG, Paderborn

Satz & Layout Junfermann Druck & Service GmbH & Co. KG, Paderborn

Bibliografische Information der Deutschen Nationalbibliothek

Die Deutsche Nationalbibliothek verzeichnet diese Publikation in der Deutschen Nationalbibliografie; detaillierte bibliografische Daten sind im Internet über http://dnb.ddb.de abrufbar.

ISBN 978-3-95571-901-2

Dieses Buch erscheint parallel als E-Book ISBN: 978-3-7495-0075-8 (EPUB), 978-3-7495-0077-2 (PDF), 978-3-7495-0076-5 (MOBI).

Für Tom, in Liebe von Mum xx

Inhalt

Einleitung

„In der Regel ist man so glücklich, wie man es sich selbst vorgenommen hat."

(Abraham Lincoln)

So unterschiedliche Lebensstile, Fähigkeiten, Interessen, Ziele, Wertvorstellungen, Prinzipien und Erwartungen Menschen haben mögen – in einem sind wir uns alle gleich: Wir wollen glücklich sein.

Wie glücklich sind Sie in diesem Augenblick? Wie zufrieden sind Sie mit Ihrem Leben, im Allgemeinen, im Großen und Ganzen? Wären Sie gerne glücklicher? Wie viel fehlt zu Ihrem Glück? Natürlich lässt sich die Lebenszufriedenheit nicht messen; es gibt kein Punktesystem oder Instrument, mit dem sich das durch die Adern pulsierende Glücksgefühl erfassen ließe. Doch auch ohne konkrete Messergebnisse wird deutlich: Viele Menschen scheinen nicht glücklich zu sein.

Es ist, als hätten Angst, Stress, Einsamkeit und Depression in den letzten Jahren zugenommen. So leidet der Gesundheitsorganisation *Mind* zufolge in Großbritannien jede sechste Person unter psychischen Problemen, wie z. B. Angstzuständen oder Depressionen (diese Werte wurden wöchentlich erhoben). Und laut einer Umfrage, die das britische Meinungsforschungsinstitut YouGov 2014 für die *Mental Health Foundation* an 2330 Personen unternahm, ist jede fünfte Person „fast immer" oder „häufig" von nervöser Unruhe betroffen.

Aus einer 2017 durchgeführten Umfrage für die Organisation *Jo Cox Commission on Loneliness* geht hervor, dass etwa drei Viertel der älteren Menschen in Großbritannien einsam sind – doch auch der Verlust von Familienangehörigen oder Freunden, Arbeitslosigkeit, eine Behinderung, eine Krankheit oder die schwierige Aufgabe, jemanden zu pflegen, kann in die soziale Vereinzelung führen, welche das Gefühl auslöst, einsam und unglücklich zu sein.

Selbst wenn Sie weder einsam noch psychisch krank sind und Ihr Leben einigermaßen gut läuft, ist der Druck, glücklich und erfolgreich zu sein, so hoch wie nie zuvor. So definiert sich Erfolg heutzutage nicht mehr über Geld, ein schönes Zuhause, eine gute Beziehung und viele Freunde, sondern misst sich daran, bis zu welchem Grad und wie oft man glücklich ist.

Infolgedessen legen immer mehr Menschen Wert darauf, permanent superglücklich zu wirken. Man schickt glückliche Nachrichten herum, postet glückliche Fotos, twittert glückliche Tweets. In den sozialen Medien ist man geradezu besessen davon, Freude auszustrahlen, und es scheint, als hätten alle ein geradezu überirdisches Ausmaß an Wonne und Glückseligkeit erreicht. Und tatsächlich ergab eine 2017 von der Organisation *Girlguiding* durchgeführte Umfrage, dass ein Drittel der Mädchen und jungen Frauen im Alter von 11 und 21 unter Zugzwang stehen, ihr Leben in den sozialen Medien als „perfekt“ darzustellen.

Kein Wunder, dass Nichtglückliche ganz schnell ein schlechtes Gewissen bekommen. Und sich dann erst recht miserabel fühlen. Wieso ist das Leben der anderen so viel schöner? Ist Glück etwa eine Frage des Schicksals? Nein. Dann vielleicht des Zufalls? Auch nicht. Wie wir noch in Kapitel 1 sehen werden, hängt Glück nicht damit zusammen, ob man ein tadelloses Leben führt oder sich zur richtigen Zeit am richtigen Ort aufhält. Glück wird einem nicht geschenkt – Sie brauchen also nicht darauf zu warten, dass jemand anders Sie glücklich macht oder bis die Sterne günstig stehen.

Glück ist schlechthin eine Frage, wie man dem sehr menschlichen Drang folgt, den Sinn und Zweck des Daseins zu entdecken, die damit verbundenen Schwierigkeiten meistert und die kleinen Freuden des Lebens genießt. Wie das geht, erfahren Sie in diesem Buch.

Außerdem erfahren Sie, warum „Be happy“ sich nicht einfach so aus dem Hut zaubern lässt. Glücklich zu werden und es zu bleiben kostet im Gegenteil Zeit, Energie und auch einiges an Überlegung. Es erfordert, dass Sie sich bewusst machen, was Ihnen im Leben allgemein, aber auch in verschiedenen Bereichen wie zum Beispiel Arbeit, Beziehungen, Hobbys und Interessen, Gesundheit und so weiter wichtig ist und welche Ziele Sie jeweils verfolgen. So können Sie in Kapitel 2 herausfinden, was Sie tatsächlich mit Glück erfüllt und wie Sie es verwirklichen (und nicht etwa das, wovon Sie oder andere glauben, dass es Sie glücklich machen *sollte*).

Glücklich zu sein – den eigenen Werten gemäß zu leben, Ziele zu haben, tun, was einem wichtig und sinnvoll erscheint –, das erfordert nicht nur Mühe und Ausdauer, Opfer und Risikobereitschaft. Es erfordert auch, aus der eigenen Komfortzone herauszukommen. Wenn Sie nach Glück streben, werden Sie immer auf Hindernisse und Herausforderungen stoßen, und wenn Sie sich nicht überwinden, dann wird sich auch nichts verändern. Mit anderen Worten: Sie werden nicht glücklicher. In Kapitel 3 erfahren Sie deshalb, wie jede Erweiterung Ihrer Komfortzone auch mehr Gelegenheiten schafft, glücklich zu sein.

Sie müssen erst einmal etwas sein lassen oder loslassen, bevor Sie ernsthaft die Dinge verfolgen können, die Sie glücklich machen? Ebenfalls in Kapitel 3 werden Sie ermutigt, freudlose Situationen und Umstände hinter sich zu lassen und zu glücklicheren Ufern aufzubrechen, und Sie erfahren, wie Sie das tun können.

In Kapitel 4 geht es zunächst um die kleinen Dinge im Leben, die Glücksgefühle auslösen. Unabhängig davon, unter welchen Bedingungen Sie leben, wozu Sie fähig sind, wie viel Geld Ihnen zur Verfügung steht – kleine Freuden gibt es in Hülle und Fülle und sie lösen an jedem einzelnen Tag Glücksmomente aus. Da es sich häufig um Dinge handelt, die man gemeinsam mit anderen Menschen unternimmt, erläutere ich außerdem, wie beinahe alles, was Sie zur Verbesserung Ihrer zwischenmenschlichen Beziehungen unternehmen, Sie auch zufriedener macht.

Natürlich trifft man zuweilen auf sehr konkrete Schwierigkeiten, scheinbar festgefahrene und ausweglose Situationen, die die Lebenszufriedenheit bedrohen. Doch selbst dann gibt es Möglichkeiten, wie Sie aus dem Schlechten noch das Beste herausholen können. Welche das sind und was Sie tun können, erfahren Sie in Kapitel 5.

Was ist aber, wenn man unter schweren Problemen leidet oder gelitten hat? Kann man da überhaupt glücklich sein? Ist das nicht völlig abwegig? Nein. Und so beschäftigen wir uns in Kapitel 5 damit, wie sich selbst in kritischen Zeiten ein Funke Hoffnung und damit auch etwas Glück finden lässt.

Nachdem Sie erkannt haben, was Ihrem Leben Sinn verleiht, wie wichtig kleine Freuden und zwischenmenschlicher Kontakt sind und wie Sie selbst in schwierigen Lebensphasen bis zu einem gewissen Grad glücklich sein können, werden Sie in Kapitel 6 lesen, wie Sie das an andere Menschen weitergeben können. Ist eine Ihnen nahestehende Person unglücklich, fühlen Sie mit ihr. Vielleicht möchten Sie, dass sie glücklich ist, weil Sie dann selbst glücklicher sind. Oder vielleicht meinen Sie, dass Sie die Lösung zu ihrem Problem kennen. Egal, was es ist: Sie können es sich nicht zur Lebensaufgabe machen, andere „wiederherzustellen" und glücklich zu machen. Sie können ihnen jedoch eine Stütze sein. Wie das geht, wird ebenfalls in Kapitel 6 erklärt.

Warum überhaupt glücklich sein?

Sie brauchen etwas Ermutigung für das mühsame Unterfangen, glücklich sein zu wollen? Dann sollten Sie vielleicht die Vorteile eines glücklichen und zufriedenen Lebens kennen. Wer glücklich und zufrieden ist,

- fühlt sich mit seiner Umgebung verbunden;
- verfolgt erreichbare Ziele und Absichten und setzt sich dafür ein;
- verfügt über eine gesunde Portion an Selbstvertrauen und Selbstwertgefühl;
- stellt Kontakt zu anderen Menschen her und ist in der Lage, Beziehungen aufrechtzuerhalten;
- kommt mit den Anforderungen des Alltags leichter zurecht;
- hat eine konstruktive, zielorientierte Einstellung;
- kann Probleme und Lebenskrisen besser bewältigen;
- hilft anderen, ebenfalls glücklich und zufrieden zu sein.

Mithilfe dieses Buches können Sie lernen, sich Zufriedenheit zur Gewohnheit zu machen. Und Sie werden entdecken, wie Sie ein gutes Leben führen können – ein Leben, das trotz der unvermeidlichen Höhen und Tiefen sowohl sinnvoll als auch angenehm ist.

Ich wünsche Ihnen ein glückliches Leben!

1. | Was Glück ist

„Glücklichsein lässt sich nicht auf später verschieben, sondern nur in der Gegenwart gestalten."

(Jim Rohn)

Glück wird immer als etwas Positives empfunden, jeder Mensch möchte sich gut fühlen und glücklich sein. Doch wie realistisch ist permanentes Glück? Dazu muss man sagen, dass es zwei Arten des Glücks gibt: erstens das langfristige allgemeine Wohlbefinden und zweitens die kurzlebige Freude.

Das kurzlebige Glücksgefühl stellt sich ein, wenn wir etwas Schönes erleben – etwa einen gelungenen Witz hören, einen unterhaltsamen Film schauen, eine köstliche Speise essen, ausgehen und einen amüsanten Abend verbringen – alles, was positive Emotionen auslöst wie Befriedigung, Erfüllung, Vergnügen, Begeisterung, Spaß oder Genuss. Diese Art von Glück ist jedoch nicht von Dauer, sondern geht schnell vorüber. Kurzlebige Freuden tragen zwar zum Glück bei, doch niemand kann sich ständig so fühlen. Dies auch nur in Erwägung zu ziehen wäre völlig unrealistisch.

Neben dem kurzlebigen Vergnügen wird Glück, wie gesagt, auch als allgemeines Wohlbefinden erfahren. Dass diese Art von Glück – ein stabiles Grundgefühl, dass es einem gut geht und man ein erfülltes Leben führt – sich zwar nicht ständig, aber doch relativ häufig einstellt, ist durchaus realistisch.

Eine kurze Geschichte des Glücks

Obwohl inzwischen jede und jeder auf der Suche nach dem ultimativen Glück zu sein scheint, ist das in Wahrheit jedoch nichts Neues. Schon vor über 2000 Jahren setzte sich der Philosoph Aristoteles in seiner Schrift „Nikomachische Ethik" mit der Frage auseinander, was ein gelungenes Leben ausmacht. Er kam zu dem Schluss, dass Glück – Wohlbefinden – „das vollkommene und selbstgenügsame Gut und das Endziel des Handelns“ sei, also das, wonach alle Menschen streben.

Aristoteles unterscheidet zwischen *hedonischem* und *eudaimonischem Glück*. Hedonisches Glück bezieht sich auf die kleinen Freuden und das eudaimonische auf das Gefühl, ein sinnvolles, zielgerichtetes und erfülltes Leben zu führen.

Seine Ansicht war: Aufgrund seiner einzigartigen Vernunftbegabung – d.h. seiner Fähigkeit, logisch und rational zu denken, zu urteilen und Schlussfolgerungen zu ziehen – solle der Mensch möglichst, oder sogar unbedingt nach einer Lebensweise streben, die ihm ein stabiles allgemeines Wohlbefinden beschert. So werde er erfüllt und mit seinem Leben im Großen und Ganzen zufrieden sein.

Gleichzeitig werde Glück aber auch beeinflusst von Faktoren wie zum Beispiel der Gesundheit, der materiellen Situation, dem Freundeskreis, der Familie, der Arbeit oder dem Wohnsitz. Und trotzdem könnten wir dieses Wechselbad unserer Existenz dank unserer Fähigkeit zum vernünftigen Denken ausgeglichen und unaufgeregt hinnehmen und uns auf diese Weise ein umfassendes Gefühl des Wohlbefindens bewahren.

Spulen Sie 2000 Jahre vor und Sie treffen auf Psychologinnen und Forscherinnen, die sich, ähnlich wie Aristoteles, dafür interessieren, wie man glücklich sein und gut leben kann. So vertritt Martin Seligman in seinem Buch *Flourish – wie Menschen aufblühen: die Positive Psychologie des gelingenden Lebens* die Meinung, wir brauchten zu unserem Glück ein oder mehr Dinge im Leben, die uns etwas bedeuten; Dinge, die unserem Leben Sinn verleihen, die uns interessieren und fesseln, auf die wir uns einlassen wollen, nach denen wir streben und deren Erreichen bei uns positive Gefühle auslöst. Als soziale Wesen hätten wir ein Bedürfnis nach Interaktion mit anderen, nach Kontakt und dem Gefühl der Zugehörigkeit. Wir brauchten kurzlebige Freuden, um positive Emotionen zu verspüren: zufrieden und vergnügt zu sein, sich inspiriert zu fühlen, zu hoffen, Lust am Leben zu haben und so weiter. Kurzlebige Freude trage zwar zum Glück bei, sei jedoch nicht dessen Grundlage.

Natürlich ist das, was dem Leben Sinn und Bedeutung verleiht, was es faszinierend macht, für jeden anders. Dasselbe gilt für positive Freundschaften, Beziehungen und Emotionen. An dieser Stelle kommen die von Aristoteles erwähnten kognitiven Fähigkeiten zum Einsatz: Jeder Mensch muss für sich selbst herausfinden, wie er ein sinnvolles, zielgerichtetes Leben, positive Beziehungen und kleine Freuden definiert.

Glück, darin sind sich Aristoteles und Seligman einig, verlangt also Einiges an Überlegung und Anstrengung. Das ist doch ausgezeichnet! Denn so ist die Fähigkeit, glücklich zu sein, im Grunde eine Ermessensfrage: Sie liegt in *Ihrer* Hand. Das heißt: Sie haben die Macht, sich selbst glücklich zu machen. Sie können für sich selbst in Erfahrung bringen, was Ihrem Leben Sinn und Bedeutung verleiht, was Sie fesselt und worin Sie aufgehen. Sie können selbst bestimmen, was Ihnen Freude macht – durch welche kleinen Dinge Sie in den Genuss von Glücksmomenten kommen.

Warten Sie also nicht darauf, glücklich zu sein, sondern *lernen* sie es. Auf diese Weise kann Glücklichsein zu Ihrer Gewohnheit werden, zu Ihrem Naturell, zu Ihrer normalen Daseinsform.

Was nicht hilft

Ihr Glück liegt also tatsächlich in Ihrer Macht. So weit, so gut. Das haben Sie verstanden. Doch was ist, wenn Sie trotzdem überzeugt davon sind, aus vielerlei Gründen auf keinen Fall glücklich sein zu können? In Kapitel 3 werden wir uns mit den Hindernissen befassen, die sich zwischen Sie und Ihr Glück stellen. Wir werden die Probleme, Schwierigkeiten und Herausforderungen benennen und sehen, wie Sie sie bewältigen können. Doch lassen Sie uns zunächst einige kontraproduktive Einstellungen zum Thema Glück betrachten.

Ich habe es nicht verdient, glücklich zu sein

Vielleicht haben Sie das Gefühl, dass Sie es nicht verdienen, glücklich zu sein, weil sie früher irgendetwas falsch gemacht haben. Sie haben sich für oder gegen etwas entschieden und das war falsch. Sie geben sich selbst die Schuld; es fühlt sich an wie ein Verlust, Sie sind voller Sorge und würden Ihre Entscheidung am liebsten rückgängig machen. Möglicherweise bereuen Sie etwas, dass Sie getan oder unterlassen haben. Vielleicht haben Sie andere verletzt oder ihnen Schaden zugefügt, es tut ihnen leid, Sie haben ein schlechtes Gewissen und leiden unter Schuldgefühlen. Da finden Sie es falsch, glücklich sein zu wollen.

Falls das auf Sie zutrifft, sollten Sie wissen: Reue, Gewissensbisse und Schuldgefühle dienen eigentlich einem positiven Zweck. Diese „negativen" Emotionen sollen Sie nämlich nicht am Weitergehen hindern, sondern Sie dazu bringen, das begangene Unrecht wiedergutzumachen, aus Ihren Fehlern zu lernen und sich in Zukunft anders zu verhalten.

Glückliche Menschen lernen aus ihren Fehlern und lassen sie hinter sich. Das können Sie auch. Schimpfen Sie nicht länger mit sich selbst, weil sie etwas falsch gemacht haben. Stehen Sie dazu und akzeptieren Sie: Was Sie getan haben, können Sie nicht mehr rückgängig machen, vorbei ist vorbei. Es lässt sich partout nicht ändern. Aber was Sie als Nächstes tun, darauf haben Sie Einfluss, das können Sie anders gestalten.

Doch vielleicht haben Sie gar nichts falsch gemacht. Sondern Sie glauben es nur. Vielleicht haben Sie ein schlechtes Gewissen, weil Sie das Leiden eines anderen Menschen nicht lindern können oder weil Sie jemand anderem nicht genug geholfen haben. Vielleicht haben Sie Schuldgefühle, weil Sie überlebt haben und jemand anderes nicht. Sie fühlen sich schuldig wegen etwas, für das Sie nicht verantwortlich sind oder waren. Und das bedeutet: In Wahrheit haben Sie keine Schuld, sondern bilden sie sich ein.

Vielleicht denken Sie, man dürfe Ihnen Ihr Glück nicht anmerken, wo doch andere Menschen in ihrem Umfeld unglücklich sind: Ihr Bruder kann keine Arbeit finden oder Ihr Partner hat Depressionen, Ihre

Schwester wird einfach nicht schwanger, das Kind einer guten Freundin ist gestorben, oder ein Freund hat seine Stelle verloren, während Sie selbst gerade befördert wurden. Doch das Gefühl, Glück nicht verdient zu haben, hilft niemandem. Sie machen nichts falsch, wenn Sie glücklich sind und es auch zeigen. Im Gegenteil: Nach Glück zu streben ist die richtige Strategie, wenn Sie sich um die Situation anderer Menschen sorgen. Sie sind nämlich eher in der Lage, anderen auch zu Glück zu verhelfen, wenn Sie selbst glücklich sind. Wie das im Einzelnen geht, erfahren Sie in Kapitel 6.

Ich kann nicht vergeben

Vielleicht plagt Sie nicht so sehr das Gefühl, selbst Unrecht getan zu haben, sondern jemand anders hat Ihnen Unrecht getan und Sie kommen nicht darüber hinweg. Möglicherweise hat Ihre Freundin Sie betrogen, Ihr Partner hatte eine Affäre, Ihnen wurde ungerechterweise gekündigt oder jemand hat Ihnen eine Verletzung zugefügt. Sie können nicht vergeben und deswegen auch nicht glücklich sein.

Doch vergeben heißt ja nicht, das erlittene Unrecht widerspruchslos hinzunehmen, es kleinzureden, zu entschuldigen oder zu vergessen. Die andere Person ist weiterhin verantwortlich für ihre Taten. Sie mag es nicht verdient haben, dass Sie ihr für den Schmerz, das Leid und die Traurigkeit, die sie Ihnen zugefügt hat, verzeihen, aber Sie haben es verdient, frei von dieser negativen Einstellung zu sein. Die Vergebung gilt Ihnen selbst, nicht der anderen Person. Vergebung bedeutet, Sie lassen los, was Sie aufgrund dessen, das man Ihnen angetan hat, empfinden: die Feindseligkeit, die Enttäuschung und den Ärger. Sie brauchen keine Rache mehr, keine Strafe oder Wiedergutmachung. Erkennen Sie an, dass vorbei ist, was vorbei ist, und akzeptieren Sie, dass das Gewesene unveränderbar ist. Verändern können Sie aber das, was Sie als Nächstes tun.

> „Das Leben wird leichter, wenn Sie lernen, eine Entschuldigung anzunehmen, die Sie nie bekommen haben."
>
> (Robert Brault)

Natürlich ist Vergebung kein Schalter, den Sie einfach umlegen können, um sofort zu vergessen, was Ihnen angetan wurde. Doch selbst wenn Sie im Moment noch nicht gewillt sind, zu verzeihen, können Sie trotzdem lernen, mit der Erfahrung des Fehlverhaltens zu leben und gleichzeitig auf Ihr Glück hinzuarbeiten.

Ich werde nie wieder so glücklich sein wie früher

Möglicherweise ist es weder Ihr eigenes früheres Fehlverhalten noch das einer anderen Person, was Sie davon abhält, nach Glück zu streben. Schauen Sie manchmal zurück auf vergangene Zeiten und Lebensumstände und haben dann das Gefühl, dass damals alles so viel besser war? Waren Sie vordem glücklicher? In Erinnerungen zu schwelgen und an eine glückliche Vergangenheit zurückzudenken ist ja keine Sünde; wenn Sie jedoch zu lange darin verweilen, kommen Sie nicht mehr heraus und verfallen dem Irrtum, dass Sie nie wieder glücklich sein können.

Betrachten Sie die Dinge im richtigen Verhältnis. Die Vergangenheit wird nur zu leicht idealisiert und Schwierigkeiten, die es auch in glücklicheren Zeiten gibt, werden kleingeredet, vergessen oder geflissentlich übersehen. Selbst wenn Sie die gleichen Umstände und Situationen von damals, als sie glücklicher waren, wiederherstellen *könnten* – es wäre doch nicht dasselbe.

Ob die Vergangenheit nun wirklich so toll war oder ob Sie sie idealisieren – in ihr zu verharren hindert Sie daran, die Chancen der Gegenwart wahrzunehmen. Wie jemand einmal sagte: Du kannst erst dann mit einem neuen Kapitel deines Lebensbuches beginnen, wenn du nicht immer wieder zurückblätterst.

Ich kann nicht so glücklich sein wie andere Menschen

Womöglich glauben Sie, glücklich zu sein sei nur etwas für die anderen. Sie vergleichen sich mit ihnen, denken, „was für ein schönes Leben sie führen, mein eigenes wird wohl nie so sein". Das wird es auch nicht – da haben Sie recht. Sie sind zu einzigartig, um sich gebührend mit anderen zu vergleichen; Sie allein verfügen über die Ihnen eigenen Fähigkeiten, Begabungen, Leistungen und Qualitäten, die den Sinn Ihres Daseins ausmachen. Ein Vergleich mit anderen Menschen würde nie gerecht ausfallen.

Immer wird es Menschen geben, mit denen Sie sich vergleichen könnten. Menschen, die Sie kennen, von denen Sie gehört, über die Sie in einer Zeitschrift oder in den sozialen Medien gelesen haben. Immer werden Sie den Eindruck haben, dass jemand mehr hat oder besser ist und damit auch glücklicher ist als Sie.

Doch wenn Sie das, was Sie wert sind – Ihre Fähigkeiten, Chancen, beruflichen Erfolge und so weiter –, kontinuierlich an anderen Menschen messen, kann das eigentlich nur Minderwertigkeitsgefühle auslösen. Das wäre das Garantierezept zum Unglücklichsein. Wenn Sie glücklich sein wollen, müssen Sie das Vergleichen sein lassen. Eifersucht und Neid vertragen sich nicht mit Glück. Hören Sie also auf, sich ständig mit anderen zu vergleichen, und lassen Sie sich stattdessen von ihnen inspirieren. Nutzen Sie dieses Buch, um auf das hinzuarbeiten, was Sie erreichen wollen. Infolgedessen gewinnen Sie nicht nur eine positivere Einstellung, sondern auch mehr Kontrolle, da Sie sich nicht länger damit befassen, was andere haben und Sie nicht. – Sie werden zu beschäftigt mit dem Verwirklichen Ihrer eigenen Wünsche sein und weder Zeit noch Grund haben, neidisch zu sein!

Bevor ich glücklich sein kann, muss sich erst einmal etwas in meinem Leben ändern

Muss erst einmal etwas passieren, bevor Sie glücklich sind, und warten Sie darauf? Glauben Sie, dass Sie nur dann glücklich sein können, wenn Ihnen der perfekte Partner über den Weg läuft oder der perfekte Job, die perfekte Wohnung auftaucht? Vielleicht warten Sie auf das Ende Ihrer Beziehung, den Umzug Ihrer Nachbarn oder irgendjemandes Tod. Vielleicht warten Sie, bis Sie ein Baby bekommen oder Ihre Kinder auf eigenen Füßen stehen. Oder Sie glauben, dass Sie nur dann glücklich sein können, wenn Sie erst einmal gesünder, schlanker oder fitter sind.

Dass man im Glück angekommen ist, sobald die Sterne günstig stehen und alle Puzzleteile des Lebens endlich an der richtigen Stelle liegen, klingt zunächst glaubhaft, ist aber Selbsttäuschung. Glück geschieht ohne Wenn und Aber.

Und das ist die wirklich gute Nachricht! Sie brauchen nämlich nicht darauf zu warten, bis alles perfekt ist, sondern können lernen, auch dann schon glücklich zu sein, während Sie auf den großen Lottogewinn, die perfekte Partnerin, den Traumjob oder was auch immer hoffen. In Bezug auf Glück ist die Reise genauso wichtig wie das Ziel: Der Weg zum Glück ist sein ureigener Bestandteil.

KURZ UND BÜNDIG

- Glück kommt in zweierlei Gestalt: als langfristiges Wohlbefinden (eudaimonisches Glück) sowie als kurzlebige Freude (hedonisches Glück).
- Laut Aristoteles können – bzw. müssen – wir mittels Verstand und Vernunft selbst herausfinden, was unserem Leben Sinn verleiht, wonach wir streben und welche kleinen Dinge uns Freude bereiten, und zwar jeder Mensch für sich selbst.
- Glück verlangt einiges an Mühe und Nachdenken, und das ist auch gut so! Es bedeutet, dass Glücklichsein eine menschenmögliche Fähigkeit ist: Es steht in Ihrer Macht, sich selbst glücklich zu machen.

- Statt darauf zu warten, bis Sie glücklich sind, können Sie lernen, es zu sein. Sie können es sich angewöhnen, glücklich zu sein, und es zu Ihrem Naturell, zu Ihrer normalen Daseinsweise machen.
- Aufgrund bestimmter Annahmen und Überzeugungen sind Sie vielleicht zu dem Schluss gekommen, dass es Ihnen nicht möglich ist, glücklich zu sein.
- Vielleicht meinen Sie, kein Glück verdient zu haben, weil Sie früher etwas falsch gemacht haben. Was immer das war – Sie können es nicht ändern, vorbei ist vorbei. Aber was Sie als Nächstes tun, das können Sie sehr wohl beeinflussen.
- Wenn Sie sich für etwas schuldig fühlen, für das Sie gar nicht verantwortlich waren, leiden Sie unter eingebildeten Schuldgefühlen. Und wenn Ihnen die Probleme anderer Menschen am Herzen liegen, dann bedenken Sie: Wenn Sie selbst glücklich sind, können Sie anderen besser helfen, auch glücklich zu sein.
- Auch wenn Sie in diesem Moment noch nicht bereit sind, das Unrecht zu vergeben, das Ihnen jemand angetan hat, können Sie trotzdem mit dieser Tatsache leben und gleichzeitig an Ihrem Glück arbeiten.
- Falls Sie glauben, dass Sie nicht so glücklich sein können wie früher, sollten Sie wissen, dass ein Verweilen in der Vergangenheit – egal, ob diese wirklich so schön war oder ob Sie sie idealisieren – Sie davon abhält, das Beste aus den Chancen der Gegenwart herauszuholen.
- Glück ist nicht kompatibel mit Eifersucht und Neid. Statt Ihre Situation mit der anderer zu vergleichen, lassen Sie sich von ihnen inspirieren. Beginnen Sie zu überlegen, was Sie tun können, um das Gewünschte zu erreichen und glücklich zu sein.
- Um glücklich sein zu können, brauchen Sie nicht darauf zu warten, bis sich bestimmte Aspekte Ihres Lebens gefügt haben, die Sternenkonstellation stimmt und alles perfekt ist. Lernen Sie stattdessen, schon jetzt, während Sie auf das Erhoffte warten, glücklich zu sein.

2. Warum sinnvolle Ziele glücklich machen

Erkennen Sie, was Ihnen wichtig ist – erkennen Sie Ihre Werte

„Deine Werte werden zu deinem Schicksal.“

(Mahatma Gandhi)

Sie brauchen zum Glücklichsein Klarheit über den Sinn Ihres Lebens – aber wie finden Sie heraus, wo Ihre Bestimmung liegt?

Damit sich uns überhaupt der Hauch einer Chance bietet, Näheres über den Sinn und Zweck unseres Lebens herauszufinden, müssen wir erst einmal wissen, was uns wichtig ist. Beginnen wir also mit den Wertvorstellungen. Jeder Mensch hat seine eigenen. Falls Sie gerade nicht wissen, welche das bei Ihnen sein könnten, heißt das nicht, dass Sie keine haben. Wahrscheinlich haben Sie sich nur noch nicht genauer damit befasst. Werte sind in wenigen Worten das, was Ihnen lieb und teuer ist, was bestimmt, wie Sie leben, arbeiten und mit anderen in Beziehung treten.

Was haben Werte mit Glück zu tun? Sie haben insofern etwas damit zu tun, dass man ein gutes Gefühl hat, wenn das, was man in verschiedenen Lebensbereichen tut – und die Art, wie man es tut – zu den eigenen Werten passt. Es fühlt sich einfach richtig an, wenn Stil und Inhalt des Lebens mit dem kompatibel sind, was Ihnen wichtig ist. Und das hilft, glücklich zu sein.

Wert- und Moralvorstellungen, Regeln für „Richtig und Falsch“ erlernen wir nach und nach, zuerst von den Eltern und anderen Familienmitgliedern, dann auch von Freundinnen und Freunden, in der Schule, im sozialen und im kulturellen Umfeld. Möglicherweise haben Sie die in der Kindheit verinnerlichten Werte bis ins Erwachsenenalter beibehalten. Grundwerte wie Wahrheit, Ehrlichkeit, Freundlichkeit und Gerechtigkeit sind natürlich immer lohnens- und erstrebenswert. Doch vielleicht haben einige Werte, mit denen Sie groß geworden sind, wie Ehrgeiz, Leistung, Erfolg, Kompetenz und Perfektion, an Wichtigkeit nachgelassen, während Werte wie beispielsweise Spontaneität, Abenteuer, Risiko und Mut attraktiver erscheinen.

Vielleicht standen in Ihrer Herkunftsfamilie oder -kultur auch Selbstdisziplin, Eigenständigkeit, Ausdauer, Pflichtgefühl und Respekt im Vordergrund. Möglicherweise lehnen Sie diese Werte heute zwar nicht völlig ab, aber Sie stufen zum Beispiel Empathie, Zugehörigkeitsgefühl, Warmherzigkeit und Freundlichkeit inzwischen als wichtiger ein. Oder aber auch Kreativität, Ästhetik, Harmonie und Frieden.

Mit welchen Grundwerten sind Sie aufgewachsen? Worauf haben Ihre Eltern Wert gelegt und welche Werte haben Sie Ihnen auferlegt? Welche Werte haben sich in dem widergespiegelt, wofür Sie belohnt oder bestraft wurden? Sind Ihre derzeitigen Werte die gleichen von früher? Haben Sie manche Werte, mit denen Sie groß geworden sind, bewusst abgelegt und gegen andere eingetauscht?

In der Regel ist die Pubertät eine Phase, wo man – im Bemühen um die individuelle Identität (wer man ist) und die soziale Identität (wie man zu anderen passt) – seine eigenen Vorstellungen entwickeln will und dafür manche oder sogar alle anerzogenen Werte infrage stellt und ablehnt. Doch vielleicht war das bei Ihnen nie der Fall und Sie haben die Werte Ihrer Kindheit und Jugend einfach übernommen und Ihr Leben darauf aufgebaut. Wenn Sie damit glücklich sind, ist das auch schön und gut, doch wenn Sie Ihr Leben ganz oder teilweise nach Werten ausrichten, an die Sie eigentlich nicht glauben, dann leben Sie in einem permanenten Konflikt mit sich selbst, geraten aus dem Gleichgewicht und sind unglücklich.

Prägend sind jedoch nicht nur die elterlichen, sondern auch die kulturellen und gesellschaftlichen Werte. So dominieren in der westlichen Gesellschaft größtenteils Wohlstand, die Anschaffung materieller Güter, akademische Grade, Status und Macht, Profitdenken, Beliebtheit und Attraktivität.

Viel zu oft verfallen zu viele Menschen dem Irrglauben, nur diese Werte führten zu Glück und Erfolg.

„Ihr Leben muss nicht so aussehen, wie andere es sich für Sie vorstellen.“

(Dee Rees, US-amerikanische Filmregisseurin und Drehbuchautorin)

In seinem Buch „When to Jump“ beschreibt Mike Lewis, wie er mit 23 in einer Risikoinvestmentfirma seinen Traumjob fand. Es war eine interessante Stelle, er hatte einen netten Chef und verstand sich gut mit seinen Kolleginnen und Kollegen. Er hatte sich darum beworben, weil ihn diese Art von Arbeit wirklich faszinierte, und seine Eltern hatten ihn dabei voll und ganz unterstützt. „Irgendwie“, schreibt er, „hatte ich die seltsame Vorstellung, dass diese Stelle zu einem bestimmten Muster passte, dem ich folgen sollte: Direkt vom College über ein Praktikum zu einem gut bezahlten Job in einem renommierten Unternehmen. Ich war dort ‚auf dem richtigen Weg‘, umgeben von smarten Leuten. Die Arbeit selbst war spannend, das Urlaubsgeld üppig. Was wollte ich mehr?! Doch mit der Zeit merkte ich tief in meinem Inneren, dass ich nur deswegen so leben wollte, weil ich dachte, ich sollte es. Irgendwo in meinem Hinterkopf flüsterte mir ein kleines, aber sehr klares Stimmchen etwas ganz anderes zu: Squash – mein Lieblingssport.“

Wenn Sie nicht gemäß Ihrer eigenen Wertvorstellungen leben, d. h. nicht tun, was Ihnen wichtig ist, führen Sie ein Leben, das Ihnen von anderen aufoktroyiert wird und Ihren Werten eigentlich nicht entspricht. Dieser Weg führt jedoch in die falsche Richtung und macht Sie unglücklich, denn er lenkt Sie von dem ab, was Ihnen wirklich wichtig, zweckmäßig und sinnvoll erscheint.

Bestimmt haben Sie schon einmal die Ermahnung gehört: „Sei dir selbst treu!“ Und sich verwundert gefragt: Wie kann ich mir denn selbst treu sein? (Jedenfalls habe ich mich das immer gefragt.) Die Antwort: Ich bin mir selbst treu, wenn ich nicht das tue, was ich in den Augen der anderen tun „sollte“ und was sie wichtig finden, sondern meine eigenen Wertvorstellungen lebe und tue, was mir wichtig ist. Dann bin ich echt, authentisch und ganz ich selbst. Natürlich ist das mitunter auch recht schwierig, doch die Hauptsache ist, dass meine Art zu leben die Person widerspiegelt, die ich bin und die ich wirklich sein will.

Die Autorin Bronnie Ware hat mehrere Jahre lang Sterbende in Australien betreut. Die vielen Gespräche mit Menschen, die auf ihr Leben zurückblicken, hat sie zu einem Buch verarbeitet: *5 Dinge, die Sterbende am meisten bereuen: Einsichten, die Ihr Leben verändern werden.*

Und was bereuten die meisten? „Hätte ich doch nur den Mut gehabt, mir selbst treu zu bleiben und nicht so zu leben, wie andere das von mir erwartet haben."

Warum viele Menschen nicht so leben, wie es ihnen entspricht, liegt zuallererst daran, dass sie keine Ahnung haben, *was* das denn überhaupt sein könnte: Sie sind sich nicht über ihre Werte im Klaren, wissen nicht, was für sie wichtig und bedeutsam ist. Der erste Schritt zu Ihrem eigenen Leben – zu einem authentischen Leben – besteht also darin, herauszufinden, welche Werte für Sie Priorität haben.

Grundwerte

Können Sie Ihre Werte benennen? Streichen Sie in der folgenden Liste alle Begriffe an, die Ihnen wichtig erscheinen. Falls Ihnen Werte einfallen, die hier nicht aufgeführt sind, fügen Sie sie hinzu.

Abenteuer
Abwechslung
Aktive Mitwirkung
Anerkennung
Anstand
Aufgeschlossenheit
Aufrichtigkeit
Ausgewogenheit
Beharrlichkeit
Beliebtheit
Beständigkeit
Dankbarkeit
Demut
Direktheit
Diskretion
Disziplin
Ehrgeiz
Ehrlichkeit
Einfühlungsvermögen
Eintracht

Emotionale Nähe
Engagement
Entschiedenheit
Entschlossenheit
Erfolg
Familie
Flexibilität
Freiheit
Freude
Freundlichkeit
Freundschaft
Friede
Gelassenheit
Genügsamkeit
Gerechtigkeit
Gewissheit
Gleichberechtigung
Großzügigkeit
Harmonie
Hilfsbereitschaft
Höflichkeit
Integrität
Klarheit
Kollegialität
Kontinuität
Kontrolle
Kreativität
Leistung
Loyalität
Macht
Meinungsfreiheit
Mitgefühl
Mut
Neugier
Offenheit
Optimismus
Perfektion
Pflichtbewusstsein
Privatsphäre
Professionalität
Pünktlichkeit
Respekt
Schlichtheit
Schönheit
Selbstbeherrschung
Selbstbewusstsein
Seriosität
Sicherheit
Spaß
Spiritualität
Spontaneität
Stabilität
Struktur
Toleranz
Treue
Unabhängigkeit
Verantwortung
Verbundenheit
Vergnügen
Verschwiegenheit
Verständnis
Vertrauen
Wahrheit
Warmherzigkeit
Wertschätzung
Würde
Zugänglichkeit
Zugehörigkeit
Zuneigung
Zuverlässigkeit

Nach diesem ersten Durchgang engen Sie Ihre Auswahl auf fünf bis sieben Werte ein. Diese sind Ihre Grundwerte: die essenziell wichtigen, die Ihnen wirklich am Herzen liegen.

Manche Werte sind wahrscheinlich persönlicher Natur, haben damit zu tun, wie Sie sich verhalten und wie Sie in bestimmten Situationen reagieren, ob Sie beispielsweise optimistisch, klar, diskret oder auf Sicherheit bedacht sind. Wahrscheinlich haben Sie aber auch soziale Werte, die mit zwischenmenschlichen Beziehungen zu tun haben, wie zum Beispiel Mitgefühl, Gerechtigkeit, Kollegialität, Zuverlässigkeit oder Ehrlichkeit. Vielleicht haben Sie mehr persönliche als soziale Werte oder umgekehrt. Aber das spielt keine Rolle. Was immer Ihre Werte sind – sie spiegeln das wider, was *Ihnen* wichtig ist.

Werte besser verstehen

Nachdem Sie Ihre Grundwerte herausgefunden haben, denken Sie ausführlicher darüber nach, was jeder einzelne Wert für Sie bedeutet. Da unterschiedliche Menschen unter verschiedenen Werten unterschiedliche Dinge verstehen, hilft es, jeden einzeln für sich zu definieren: was er Ihnen persönlich bedeutet und wie er mit Ihrem Leben zusammenhängt.

Am besten schreiben Sie es auf. Der Prozess des schriftlichen Festhaltens hilft der weiteren Klärung, was jeder einzelne Wert für Sie bedeutet und warum er Ihnen wichtig ist. Beantworten Sie für jeden Wert folgende Fragen:

- Was bedeutet der Begriff (des Wertes)? Was steht im Lexikon darüber? (Schlagen Sie ihn nach, beispielsweise im Duden.) Bin ich mit dieser Definition einverstanden? Wie würde ich jemand anderem beschreiben, was dieser Wert für mich und mein Leben bedeutet?
- Warum ist mir dieser Wert wichtig?
- Wie kommt dieser Wert in meinem jetzigen Leben zum Ausdruck? Wie lebe ich ihn? Wenn beispielsweise Freundlichkeit und Mitgefühl meine Werte wären – wie, wo und wann ist es mir möglich, freundlich und mitfühlend zu sein?
- Brauche ich mehr Gelegenheiten, um meine Grundwerte zu leben?

Spezifische Werte und Ziele

Neben den Grundwerten, die sich übergeordnet auf Ihr gesamtes Dasein beziehen, gibt es weitere Werte, die sich auf bestimmte Bereiche oder Aspekte Ihres Lebens beschränken. Das sind Dinge, die Ihnen zum Beispiel in Ihrem Beruf oder Ihrem Beziehungsleben wichtig sind. So zeigen berufliche Werte, was Ihnen bei der Arbeit wichtig ist, und Beziehungswerte, worauf es Ihnen in Freundschaften, in der Familie und in Ihrer Partnerschaft ankommt.

Die eigenen Grundwerte sowie die spezifischen Werte in den verschiedenen Lebensbereichen zu kennen hilft bei der Suche nach sinnvollen Lebensinhalten und beim Setzen und Verfolgen von Zielen.

Im Folgenden erfahren Sie, wie Ihre Lebensbereiche – Freundschaften und Beziehungen, Gesundheit, Arbeit, Finanzen, Wohnung, Hobbys und Interessen – potenziell für eine sinnvolle und zielbewusste Lebensgestaltung sorgen. Natürlich sind Werte und Ziele nur der Anfang. Als Nächstes werden Sie daran arbeiten, wie Sie Ihre Ziele am besten verfolgen, und lernen, mit den unweigerlich dabei auftretenden Schwierigkeiten fertigzuwerden (siehe weiter unten in diesem Kapitel).

Arbeit und Beruf

Ein Leben im Einklang mit den eigenen Werten macht also glücklich. Wenn Sie berufstätig sind, wird Ihre Arbeit wahrscheinlich einen Großteil Ihres Lebens einnehmen. Interessanterweise antworteten nur 15 % der Befragten einer ausführlichen Studie zur beruflichen Zufriedenheit (durchgeführt vom Gallup Institut 2012), „engagiert“ zu arbeiten, sich mit ihrer Tätigkeit voll und ganz zu identifizieren und sich darauf zu freuen. Dagegen waren die meisten Menschen mit ihrem Job unzufrieden. Knapp zwei Drittel der Befragten fühlten nur eine geringe emotionale Bindung zu ihrer Arbeit und knapp ein Viertel hasste sie sogar.

Wenn Sie Ihre Arbeit mögen und darin aufgehen, dann, weil Sie dort Ihre Stärken und Fähigkeiten einsetzen können. Und genauso sollte es sich auch mit Ihren Werten verhalten.

In einem Zeitungsinterview sagte die „Body-Shop"-Gründern Anita Roddick einmal: „Ich konnte die Body-Shop-Werte noch nie von meinen Grundwerten trennen: Optimismus, Spaß, Warmherzigkeit, Familie und Gemeinschaft." Und später schrieb sie auf ihrer Website: „Ich kann meine Unternehmensphilosophie unmöglich von den Dingen trennen, die mir persönlich sehr am Herz liegen – soziale Verantwortung, Respekt für Menschenrechte, Tier- und Umweltschutz und fairer Handel."

Spiegelt Ihr Beruf Ihre Grundwerte wider? Entspricht die Tätigkeit, die Sie derzeit ausüben, Ihren spezifisch berufsbezogenen Werten, d. h. den Dingen, die Ihnen in einem Job, in Ihrer Arbeit oder Ihrem Beruf wichtig sind und Ihnen das Gefühl vermitteln, dass Sie etwas Sinnvolles tun?

Oder spiegelt Ihre Arbeit eher das wider, was andere – eine Lehrerin oder Ihre Eltern zum Beispiel – für wichtig erachteten und an Sie weitergaben? Wenn Ihre Eltern beispielsweise einen akademischen Abschluss, eine hohe Stellung und einen guten Verdienst für wichtig erachteten, haben sie diese Werte wahrscheinlich auf Sie übertragen. Doch was ist, wenn Sie inzwischen ganz andere Wertvorstellungen haben? Wenn Sie es zum Beispiel vorziehen würden, an einem Strand in Südfrankreich Eis zu verkaufen? Oder vielleicht wollen Sie nicht Herzchirurgin werden, sondern Baumchirurgin. Oder Sie wollen kein bildender Künstler sein, sondern Tattookünstler.

Vor Kurzem fragte ich zwei Freundinnen, beide in ihren Fünfzigern und beide selbstständig, wodurch sie beruflich noch glücklicher werden könnten. Beide waren sich sehr klar darüber, dass sie in ihrem derzeitigen Lebensabschnitt gern mehr Geld verdienen und weniger arbeiten wollten. Ist Ihnen das wichtig – könnte das auch Ihr Ziel sein? Oder haben Sie andere Werte und Ziele in Bezug auf Ihre Arbeit? Vielleicht sind Ihnen Arbeitsplatzsicherheit oder Beförderungschancen wichtig. Oder vielleicht haben Sie gern das Sagen und wollen eine Führungsposition innehaben, wo Sie Einfluss auf andere haben, angesehen sind und ein hohes Gehalt beziehen. Oder vielleicht sind Ihnen flexible Arbeitszeiten, wenig Verantwortung, Anerkennung und eine angenehme Umgebung wichtiger. Oder vielleicht ein Job, wo kein Tag wie der andere ist, weil Sie Abwechslung mögen. Möglicherweise brauchen Sie eine Arbeit, die praktisch, kreativ oder innovativ ist. Oder Sie arbeiten gern allein, stehen am liebsten auf eigenen Füßen und treffen alle Entscheidungen selbst.

Wie lauten Ihre Werte rund um das Thema Arbeit? Vermissen Sie etwas in Ihrem Job, Ihrer Arbeit, Ihrem Beruf – etwas, das Ihnen wichtig ist und aus dem heraus Sie Ziele entwickeln könnten, die auch mit Ihrer Arbeit zu tun haben?

Vielleicht stellen Sie fest, dass Sie, um Ihren Grund- und Arbeitswerten näher zu kommen, beruflich etwas verändern müssen, etwa indem Sie eine Umschulung machen, freiberuflich arbeiten oder ihr eigenes Unternehmen gründen. Sie könnten auch ins Ausland gehen oder noch einmal studieren.

Möglicherweise wollen Sie einfach nur einige Aspekte ändern – flexiblere Arbeitszeiten, mehr Verantwortung oder mehr Abwechslung in dem, was Sie tun, oder mehr Herausforderungen. Vielleicht wollen Sie Ihre Fähigkeiten in Ihrem derzeitigen Beruf weiterentwickeln und Zusatzqualifikationen erwerben.

Was ist in Ihrem Job, Ihrer Arbeit, Ihrem Beruf für Sie von Bedeutung? Was würde Sie gegebenenfalls noch glücklicher machen? Wonach könnten Sie streben? Welche arbeitsrelevanten Ziele könnten Sie sich setzen?

Finanzen

Gibt es für Sie Ziele in Bezug auf Ihre Finanzen? Vielleicht wollen Sie anfangen zu sparen oder mehr sparen. Vielleicht brauchen Sie etwas Erspartes für Notfälle. Oder Sie wollen Geld investieren oder einen Immobilienkredit aufnehmen, eine Lebens- oder Rentenversicherung abschließen oder einfach nur mehr verdienen. Oder vielleicht möchten Sie so schnell wie möglich Ihre Hypothek oder andere ausstehende Kredite abzahlen, etwa weil Ihnen inzwischen wichtig ist, schuldenfrei zu sein.

Wohnung

Egal, ob Sie eine Wohnung mieten oder besitzen; ob Sie dort drei Monate, drei oder dreißig Jahre zu wohnen gedenken: Sie werden wahrscheinlich Veränderungen an Ihrem Zuhause vornehmen, es etwa umbauen, renovieren, neu möblieren oder reparieren oder einfach auch nur entrümpeln. Vielleicht spielen Sie mit dem Gedanken, eine Reinigungskraft zu beschäftigen.

Gesundheit

Was bedeutet Ihnen Gesundheit? Welche Wertvorstellungen haben Sie diesbezüglich: Was brauchen Sie, um gesund zu sein? Wer keine gesundheitlichen Probleme hat, nimmt das vielleicht für selbstverständlich, denkt nicht weiter darüber nach und bemüht sich daher auch nicht, gesund zu bleiben.

Manche Menschen achten bewusst auf eine gesunde Ernährung und ausreichend Schlaf, machen Sport und Yoga. Chronisch Kranke bemühen sich, ihre Symptome in den Griff zu bekommen, d.h. ihre Medikamente einzunehmen, physiotherapeutische Übungen zu machen und regelmäßig zum Arzt zu gehen.

Würden Sie sich Ziele setzen, die mit Ihrer körperlichen Gesundheit zu tun haben? Vielleicht wollen Sie abnehmen, mit dem Rauchen aufhören, sich aktiv mehr bewegen, Ihre Muskeln trainieren, joggen gehen oder, ohne nach Luft zu schnappen, drei Stockwerke Treppensteigen können.

Was halten Sie von Zielen in Bezug auf Ihre psychische Gesundheit? Vielleicht würden Sie gerne Ihre Depressionen oder Angstzustände überwinden und sich diesbezüglich Ziele setzen.

In einem 2017 im britischen Onlinemagazin „The Pool" veröffentlichten Artikel (www.the-pool.com, 2019 eingestellt, d. Ü.) beschreibt die Autorin Marie Phillips ihren „Mini-Burnout": „Ich war die ganze Zeit schlechter Laune, fühlte mich schlapp, hatte keine Lust, mich mit Freunden zu treffen, und konnte nicht arbeiten. Immer wieder bemühte ich mich, glücklicher zu sein, indem ich unermüdlich weitermachte und mich zum Lächeln zwang. Nichts funktionierte ... Dann beschloss ich, mich nicht länger anzustrengen, sondern stattdessen mehr auf mich selbst zu achten. Nicht um glücklich zu sein, sondern damit mir die Dinge nicht irgendwann über den Kopf wachsen würden."

Infolgedessen kümmerte sich Marie mehr um ihre physische und psychische Gesundheit: „Ich ernähre mich jetzt besser (esse weniger Fleisch und dafür mehr Gemüse), trinke nicht mehr als zwei alkoholhaltige Getränke pro Tag (von allen Maßnahmen hatte diese den stärksten Einfluss auf meine Angst) und bewege mich mehr (ich gehe jeden Tag zu Fuß oder fahre Fahrrad und außerdem habe ich mit Rudern begonnen). Ich meditiere täglich und lasse mich von einem Lebenscoach beraten, um beispielsweise besser Grenzen setzen zu können. Ich lese keine Nachrichten mehr, weil mich das viel zu sehr aufregt, und übernehme keine Aufträge, die ich eigentlich nicht machen möchte, selbst dann nicht, wenn sie gut bezahlt sind ... Und mein Freund und ich haben unsere Wohnung so umgeräumt, dass ich von zu Hause aus arbeiten kann."

Obwohl sie mit alldem nicht bezweckt habe, glücklich zu werden, sei nach sechs Monaten gesunden Lebens genau das eingetreten:

„Der Fokus auf meine Gesundheit hatte erfreuliche Nebenwirkungen: Ich bin gelassener und fühle mich ausgeruht; ich habe wieder Spaß an meiner Arbeit; ich bin als Freundin und Partnerin wieder präsenter. Vielleicht hatte ich sowieso schon alles, was ich für ein glückliches Leben brauchte, aber erst, als ich etwas für meine Gesundheit tat, ging es mir so gut, dass ich es wertschätzen konnte."

Damit hat Marie den Nagel auf den Kopf getroffen: Sie hatte wirklich schon immer alles, was sie zu ihrem Glück brauchte. Doch erst als sie wusste, was ihr wichtig war – ihre Gesundheit –, und als sie sich Ziele setzte, die mit ihrer Gesundheit zu tun hatten, stiftete sie sich selbst den Sinn, durch den sie glücklicher werden konnte.

Wie der Philosoph A.C. Grayling sagt: „Glück kommt als Begleiterscheinung anderer Bestrebungen, die schon allein für sich genommen Befriedigung und Erfolgserlebnisse verschaffen."

Familienleben und Freundschaften

Freundschaften machen glücklicher. Das zeigen viele Studien und auch die Umfrage, die Ed Diener und Martin Seligman im Jahr 2002 an der Universität von Illinois durchführten. Ihr zufolge korreliert Lebenszufriedenheit stark mit sozialen Beziehungen: „Am meisten fiel auf, dass die 10 % der Studierenden mit den höchsten Werten für Glück und den niedrigsten für Depression emotional stark an Freunde und Familie gebunden und darauf bedacht waren, viel Zeit mit ihnen zu verbringen."

Was ist Ihnen wichtig bei Freundschaften und in Ihren Beziehungen zu Familienangehörigen? Einfach Spaß zu haben und häufig miteinander zu lachen? Oder Interessen zu teilen? Gemeinsame Interessen, Erlebnisse und Erinnerungen verstärken das Gefühl der Verbundenheit und Zugehörigkeit. Wir setzen jedoch unterschiedliche Prioritäten in Beziehungen. So legt der eine Wert auf gemeinsame Interessen (z. B. eine Vorliebe für Hip-Hop und eine Leidenschaft für Fußball) und die andere auf gegenseitige Achtung, Fürsorge und Unterstützung.

Was ist für Sie in Freundschaften wichtig? Könnten Sie Ihre Freundschaften und Beziehungen zu anderen Menschen verbessern? Auf welche Weise? Denken Sie darüber nach.

Möglicherweise wollen Sie mehr Zeit mit Ihren Freundinnen, Ihrer Familie oder Ihrem Partner verbringen, sich einfach irgendwo treffen oder etwas zusammen unternehmen, das Spaß macht oder interessant ist, gemeinsam Konzerte besuchen, in einem Chor singen, etwas Neues lernen, übers Wochenende wegfahren oder auf Reisen gehen.

Sie könnten auch etwas Besonderes für einen Freund organisieren, zum Beispiel zum Geburtstag. Oder Freunden oder Verwandten, die gerade in einer Krise stecken, mehr Zeit und Aufmerksamkeit schenken. Oder sich mit jemandem, mit dem Sie sich gestritten haben, wieder versöhnen.

Mit welcher Freundin / welchem Freund wollen Sie mehr Zeit verbringen? Haben Sie überhaupt die Freundinnen / Freunde, die Sie haben wollen? Sind Sie mit denen, die Sie haben, zufrieden? Hätten Sie gerne mehr Kontakte zu Gleichgesinnten? Vielleicht haben Sie das Gefühl, dass Sie nur sehr wenige oder gar keine Freunde haben, und möchten gerne mehr Leute kennenlernen und sich mit ihnen anfreunden?

Denken Sie darüber nach, was Sie vielleicht noch tun könnten, um mehr Freundschaften und Beziehungen zu haben, die Ihnen wirklich etwas bedeuten.

Interessen und Hobbys

Könnte ein neues Hobby Ihrem Leben Sinn verleihen? Wie wäre es, wenn Sie sich auf einem Ihrer Interessensgebiete weiterbilden oder kompetenter darin würden?

Vielleicht ist da etwas, das Sie gerne erlernen möchten – etwas Kreatives, Praktisches oder etwas, das einfach nur Spaß macht. Vielleicht möchten Sie ein Musikinstrument spielen oder eine neue Sprache lernen. Wie wäre es mit Segeln, Reiten, Walzertanzen oder Zauberkunststückchen?

Gibt es etwas, das Sie schon können und gerne perfektionieren würden? Etwa eine Fremdsprache, die Sie schon sprechen, oder Gitarrespielen oder Kochen? Vielleicht haben Sie ein Bedürfnis danach, sich schöpferisch zu betätigen: zu malen oder zu zeichnen, zu fotografieren oder zu töpfern, Mode zu entwerfen oder zu schneidern.

Vielleicht wollen Sie reisen: Rom oder Rio de Janeiro, Tahiti, Tibet oder die Türkei besuchen, das Tadsch Mahal besichtigen, auf der Großen Chinesischen Mauer wandern oder sich den Grand Canyon anschauen.

Sie könnten sich Ziele setzen, die mit Ihrer persönlichen Entwicklung zu tun haben: selbstbewusster werden oder sicherer auftreten zum Beispiel. Sie könnten sich spirituell weiterentwickeln; wenn Ihnen ein starkes Zugehörigkeitsgefühl und Verbundenheit wichtig sind – Teil von etwas Größerem, Ewigen zu sein –, dann suchen Sie nach Möglichkeiten und probieren Sie aus, wie Sie diese Wertvorstellung umsetzen könnten. Ihre spirituellen Bedürfnisse können Sie jedoch nicht nur innerhalb einer institutionalisierten Religion befriedigen, sondern auch als Teil einer Gruppe – egal ob Chor, Orchester, Fanclub einer Sportmannschaft oder als Mitglied einer globalen Organisation wie Amnesty International. Falls Sie eine spirituelle Ader haben, können Sie diese auch über die Natur ausleben, zum Beispiel durch Gärtnern, Wandern, Angeln, Segeln oder Sternebeobachten.

Ehrenamtliche Arbeit

„Wir sind alle auf der Welt, um anderen zu helfen;
wozu in aller Welt die anderen hier sind, weiß ich nicht."

(W. H. Auden)

Viele Menschen schätzen Werte wie Fürsorge, Mitgefühl, Altruismus und Anteilnahme und setzen sich daher für andere Menschen ein, um etwas Sinnvolles im Leben zu tun. Sie helfen und unterstützen andere, setzen sich für Verbesserungen in ihrer Nachbarschaft ein oder engagieren sich auf kommunaler, landesweiter oder internationaler Ebene für ein politisches oder soziales Anliegen.

Carlas Geschichte:

Carla arbeitete für eine Buchhaltungsfirma. Sie verdiente gut und mochte ihre Arbeit. Diese erfüllte alle ihr beruflich wichtigen Kriterien: Einfluss, Verantwortung, Zuverlässigkeit, Rechenschaft und Kontrolle. Dennoch hatte sie vor einem Jahr plötzlich das Gefühl, dass etwas fehlte.

Ihre beruflichen Werte waren zwar dieselben geblieben, weshalb der Job ihr weiterhin Freude machte und sie engagiert dabei war. Doch es gab da noch andere – soziale – Werte, die nicht zu ihrer Arbeit passten. Carla wollte auch etwas tun, das sich positiv für andere Menschen auswirkte. Sie wollte anderen Freude bereiten und ihr Leben aktiv bereichern.

Da erinnerte sie sich, wie gerne sie als Teenager bei den Pfadfinderinnen gewesen war. Könnte sie sich vielleicht auch als Erwachsene dort betätigen? Sie informierte sich und erfuhr von einer Gruppenleiterausbildung. Dort würde sie lernen, eine Gruppe aufzubauen, zu leiten und zu organisieren sowie Aktivitäten und Unternehmungen zu planen und durchzuführen. Nur wenige Monate später leitete Carla eine Gruppe von Mädchen im Teenageralter und stellte für sie ein Kajakwochenende auf die Beine.

Wenn auch Sie Zeit in eine ehrenamtliche Tätigkeit investieren und Ihre Fähigkeiten dort einbringen möchten, stehen Ihnen jede Menge Möglichkeiten offen. Ob Sie in einem Hospiz das Abendessen servieren, bei einer Tafel oder im Tierheim mithelfen, mit Flüchtlingen arbeiten, sich um die Belange von Menschen mit Lernschwierigkeiten oder psychischen Problemen kümmern oder ehemalige Gefängnisinsassen bei ihrer Wiedereingliederung unterstützen – Sie können damit nicht nur das Leben anderer Menschen verbessern, sondern sind auch an etwas beteiligt, das ihren Werten und Interessen entspricht. Es könnte mit Politik, Umwelt- und Naturschutz oder Kunst und Musik zu tun haben, aber auch mit älteren Menschen, Familien oder Kindern.

Wenn Sie sich für andere einsetzen und ihnen helfen, ist das nicht nur einfach eine gute Tat, sondern ein positiver Beitrag für die Gesellschaft. Das ist doch wirklich zweckmäßig und sinnvoll!

Glücksgewohnheit: Überdenken Sie Ihre Werte

Überdenken Sie ab und an Ihre Werte, sowohl Ihre Grundwerte als auch Ihre spezifischen Werte in einzelnen Lebensbereichen. Denn was Ihnen vor ein paar Jahren bei der Arbeit oder in Freundschaften wichtig war, ist es heute vielleicht nicht mehr, weil Sie inzwischen andere Prioritäten haben. Nichts bleibt im Leben gleich. Und wenn sich etwas verändert, ändern sich meist auch die Wertvorstellungen, achten Sie einmal darauf. Seien Sie deshalb auch bereit, Ihre Werte Ihren jeweiligen Lebensumständen anzupassen.

Ziele benennen und verfolgen

Das Leben ist vielfältig und umfasst verschiedene Bereiche: Familie, Freunde, Sozialleben, Arbeit, Gesundheit, Hobbys und Interessen, Spiritualität und so weiter. Zu jedem Bereich gehören eigene Werte und damit verbundene Ziele. Über Werte nachzudenken – d. h., darüber, was Ihnen in jedem Lebensbereich wichtig ist – kann Ihnen helfen, sich Ziele zu setzen. Und wenn Sie Ziele haben, erkennen Sie besser, dass Sie unterschiedliche Wahlmöglichkeiten haben und zudem selbstbestimmt entscheiden, Fortschritte machen und etwas erreichen können.

Es geht gar nicht darum, unendlich viele Ziele zu haben. Machen Sie sich einfach bewusst, dass Ihr Leben aus verschiedenen Bereichen besteht, dass Ihnen in jedem Bereich bestimmte Dinge wichtig sind und Sie sich potenziell Ziele setzen können, die Ihrem Leben einen Sinn verleihen. Mit anderen Worten: Jeder Bereich kann potenziell dazu beitragen, dass Sie alles in allem glücklich sind.

Haben Sie sich einmal Gedanken gemacht über die verschiedenen Lebensbereiche – d. h. über das, was Ihnen jeweils wichtig ist, was Sie jeweils verbessern könnten und was Ihnen eventuell zu mehr Glück verhilft –, dann können Sie sich als nächsten Schritt bestimmte, erstrebenswerte Ziele setzen.

Wenn Sie sich Ziele setzen, nehmen Sie sich etwas vor, auf das Sie hinarbeiten. Damit sorgen Sie selbst dafür, dass Ihr Leben einen Sinn bekommt, Sie bahnen sich einen konstruktiven Weg und folgen ihm. Dieser Weg wird nicht nur glatt verlaufen noch wird er immer leicht sein (wie Sie mit dieser Tatsache umgehen, siehe weiter unter in diesem Kapitel). Doch Ihre Ziele werden Ihnen die Richtung weisen, die Sie einschlagen wollen, und Ihren Tatendrang für die Ihnen wichtigen Dinge wecken. Und all das ist gut, damit Sie alles in allem glücklich sind!

Sie können sich große Ziele setzen, wie etwa eine gemeinnützige Einrichtung zu gründen oder ein Haus zu bauen, aber auch kleine, wie etwa im Blumenkasten Kräuter zu ziehen oder Stilettos zu tragen (im Ernst: siehe das Beispiel von Gemma auf Seite 40). Hauptsache, Sie finden etwas, worauf Sie hinarbeiten, wo Sie Fortschritte machen und sich auf Erfolge freuen können.

Dies erfordert einen differenzierten Klärungsprozess:

1. Das Ziel: Finden Sie heraus und benennen Sie, was genau Sie erreichen wollen.
2. Die Vorteile: Sie wissen, warum Ihr Ziel Ihnen wichtig ist und was Sie davon haben, wenn Sie es erreichen.
3. Die Optionen: Sie haben verschiedene Möglichkeiten, wie Sie auf Ihr Ziel hinarbeiten können.
4. Die Schritte: Unterteilen Sie den Weg zu Ihrem Ziel in einzelne Schritte.

Das Ziel

Finden Sie ein oder mehrere Dinge, die Sie in einem oder mehreren Lebensbereichen gern tun, auf die Sie hinarbeiten und die Sie erreichen möchten. Diese Ziele können kurzfristig sein – Dinge, die Sie in den nächsten Wochen oder Monaten erreichen wollen; oder auch langfristig – Dinge, die Sie innerhalb eines Jahres oder mehrerer Jahre erreichen wollen.

Falls Ihnen mehr als ein oder zwei Ziele einfallen, sollten Sie sich trotzdem nur so viele vornehmen, wie Ihre bereits bestehenden Verpflichtungen und Ihr Zeitbudget es tatsächlich zulassen.

Konzentrieren Sie sich jedoch nicht nur auf eine einzige Sache, die Sie mit Glück erfüllt. Dann würden Sie nämlich alles auf eine Karte setzen. Zufriedene Menschen wissen, dass sie in mehreren Lebensbereichen Dinge brauchen, die Sie glücklich machen, damit sie für den Fall, dass sie in einem problematischen Bereich mal unglücklich sind, auf andere positive Aspekte zurückgreifen können, die über die Schwierigkeiten hinweghelfen.

Vielleicht stellen Sie fest, dass sich Ziele überlappen oder ineinandergreifen. Wollen Sie beispielsweise fitter und gesünder werden und außerdem noch mehr Zeit mit einer Freundin verbringen, dann suchen Sie sich etwas, das Sie regelmäßig gemeinsam tun können, zum Beispiel schwimmen oder wandern, zusammen ins Fitnesscenter gehen oder an einem Tanzkurs teilnehmen.

Die Vorteile

Warum ist Ihr Ziel wichtig für Sie? Welche Vorteile haben Sie davon, wenn Sie es erreichen? Ein Ziel stellt zwar auch eine Herausforderung dar, doch zu allererst sollte es Sie anspornen. Sich anspornen zu lassen ist gar nicht so schwer. Sie brauchen sich nur die Vorteile klarzumachen – was Sie gewinnen, indem Sie auf das Ziel hinarbeiten und es erreichen. Sich darüber bewusst zu sein, hält außerdem die Motivation aufrecht, wenn Sie auf Probleme und Hindernisse stoßen.

Die Optionen

Überlegen Sie: Wie können Sie jedes einzelne Ihrer Ziele erreichen? Welche Ihrer Fähigkeiten, Stärken und Ressourcen könnten sich dabei als nützlich erweisen? Welche Informationen fehlen Ihnen noch? Welche Ratschläge oder Hilfsmittel brauchen Sie? Wer könnte Ihnen helfen?

Beispiel: Sie haben sich vorgenommen, eine bereits erworbene Fähigkeit zu verbessern oder etwas Neues zu lernen (wobei Fortschritte im Lernprozess besonders deutlich wahrnehmbar sind). *Wie* könnten Sie das tun? Gibt es einen Kurs bei Ihnen in der Nähe? Könnten Sie Privatstunden nehmen oder eine Freundin oder Kollegin bitten, Sie zu unterrichten? Könnten Sie mit einem Buch lernen oder sich für einen Onlinekurs anmelden? Oder sich Anleitungen auf YouTube anschauen?

Wägen Sie bei jeder Option ab, was dafür und was dagegen spricht. Wie ergeht es Ihnen mit allen Vor- und Nachteilen? Wenn Sie etwas anregt, dann ist es das Richtige.

Beispiele:

Gemma hatte sich zum Ziel gesetzt, Stilettos zu tragen. Ursprünglich wollte sie sie einfach anziehen und damit die Straße hinunter zum Pub gehen. Doch dann überlegte sie, dass es vielleicht besser sei, erst einmal im Supermarkt damit herumzustöckeln. Warum? Weil sie sich dann am Einkaufswagen festhalten konnte!

Wie man Optionen herausfindet, erzählt auch Joe: „Vor drei Jahren habe ich einen Spitzenjob im Filmgeschäft ergattert. Der reinste Glamour. Voll abgefahren. Lauter coole und witzige Leute. Ich kaufte mir immer mehr schicke Klamotten, alles Designeroutfits, hing mit meinen neuen Kollegen ständig in teuren Clubs und Restaurants ab. So habe ich mein ganzes Geld verballert.

Ich wohnte damals allein und konnte irgendwann weder die Miete noch Rechnungen bezahlen. Ich machte Schulden. Da merkte ich, ich muss mich wieder in den Griff kriegen. Mein Ziel war, schuldenfrei zu werden und es auch zu bleiben.

Ich setzte mich hin und schrieb meine Optionen auf. Die lauteten:

- ein hohes Konsolidierungsdarlehen mit dreijähriger Laufzeit aufnehmen und damit meine Schulden zurückzahlen;
- am Wochenende in einer Kneipe arbeiten;
- ein Zimmer meiner Wohnung untervermieten;
- auf Uber und Deliveroo verzichten und meine Mitgliedschaft im Fitnesscenter kündigen;
- ein gebrauchtes Fahrrad kaufen und nur noch damit fahren;
- statt essen zu gehen Freunde zu Billigwein und Pasta bei mir zu Hause einladen;
- im Urlaub zu Verwandten und Bekannten in Devon und Schottland fahren statt ins Ausland.

Kaum hatte ich mein Ziel und meine Optionen schriftlich festgehalten, fühlte ich mich erleichtert. Außerdem hatte ich das Gefühl, wieder die Kontrolle zu haben. Irgendwann wäre ich meine Schulden los, selbst wenn es zu Rückschlägen käme. Meine Ziele und Optionen zu kennen bestärkte mich im Glauben, dass sich die Dinge für mich zum Guten wenden würden. Auf diese Weise konnte ich wieder hoffnungsvoll in die Zukunft blicken und war um einiges glücklicher."

Die Schritte

Wie auch immer Ihre Ziele lauten – vereinfachen Sie das Ganze, indem Sie den Weg in kleinere, machbare Etappen unterteilen. Tun Sie einen Schritt nach dem anderen, dann kommen Sie langsam, aber sicher voran. Mit jeder zurückgelegten Etappe haben Sie ein kleines Ziel erreicht – und können sich an einem Schuss Glück und Zufriedenheit erfreuen!

Nun müssen Sie die Schritte, die Sie an Ihr Ziel bringen, erst einmal erarbeiten. Schreiben Sie dafür alle Ideen spontan auf, so ungeordnet, wie Sie Ihnen gerade einfallen. Sie wollen sich beruflich verändern? Dann könnten Sie mit einem Coach oder einer Berufsberaterin sprechen, die Jobsuche im Internet intensivieren, Fortbildungskurse auf Ihrem Interessengebiet besuchen und Ihren Lebenslauf überarbeiten. All diese Schritte sind Teil Ihres größeren Ziels. Sie machen das Ganze übersichtlicher und erleichtern Ihnen, bei der Sache zu bleiben.

Entscheiden Sie nun, in welcher Reihenfolge Sie vorgehen. Welcher ist der erste Schritt? Und welcher der zweite?

Falls Sie einen Schritt schwierig finden – und das kann immer mal passieren – oder sogar am liebsten aufgeben würden, machen Sie es sich einfacher und unterteilen Sie ihn in noch kleinere Etappen.

Sie setzen sich Ziele und haben damit etwas, das Sie anstreben und auf das Sie losmarschieren können. Das klingt, als könnten Sie erst dann glücklich sein, wenn Sie Ihr Ziel erreicht haben – den Job, den Berufsabschluss, die Freunde, die Wohnung, den Lebensstil oder was auch immer. Das ist jedoch ein Irrtum. Denn mit jedem Schritt, den Sie in Richtung Ziel tun, merken Sie, wie Sie vorankommen. Ein gutes Buch lesen Sie ja auch nicht bloß, um zu wissen, wie es ausgeht, sondern weil Sie gern lesen und Freude an jedem Kapitel haben. (Oder etwa nicht?)

Glücksgewohnheit: Richten Sie Ihre Aufmerksamkeit jeweils nur auf einen Schritt

Sagen Sie sich selbst: „Genau das werde ich als Nächstes machen" und dann konzentrieren Sie sich auf diesen einen Schritt, den Sie gerade tun. Sorgen Sie selbst für stetigen Fort-Schritt, indem Sie kleine Wegetappen erreichen, und Sie werden sehen, wie Sie vorankommen!

Vielleicht kommen Ihnen Bedenken, weil das, was Sie erreichen wollen, viel zu viel Zeit in Anspruch nimmt. Sie befürchten, es könnte womöglich Monate oder sogar Jahre dauern, bis Sie beispielsweise etwas, das Sie neu erlernen wollen, perfekt beherrschen. Oder wenn Sie aufs Land ziehen wollen: dass es ewig braucht, bis Sie den richtigen Ort gefunden haben. Denken Sie nicht darüber nach, wie lange etwas dauert, sondern vertrauen Sie darauf, dass Sie mithilfe eines Schritt-für-Schritt-Plans stetig voranschreiten und eines Tages am Ziel angekommen sein werden, egal wie lange Sie dafür brauchen.

Stellen Sie sich vor, Sie haben das Ziel, Ihre Wohnung zu entrümpeln. Wahrscheinlich werden Sie nicht alles auf einmal schaffen. Also nehmen Sie sich jedes Wochenende ein Zimmer vor. Und um die Teilziele in noch kleinere Etappen aufzuteilen, könnten Sie jeweils nur einen Schrank oder ein Regal durchgehen und nacheinander Kleidung, Bücher oder was auch immer sortieren. Hauptsache, Sie tun eins nach dem anderen.

Das ist gar nicht so leicht. Sie werden immer wieder auf Probleme stoßen– bei der Entscheidung, was Sie behalten und was nicht, was Sie mit dem Aussortierten machen – aber, und darauf kommt es an: Jede abgeschlossene Etappe ist für sich ein kleines erreichtes Ziel. Das heißt: Jede ausgemistete Schublade ist ein kleiner Erfolg. Und wenn Sie es sich zum Prinzip machen, jeden kleinen Erfolg zu würdigen, sich darüber zu freuen und mit sich selbst zufrieden zu sein, dann werden diese kleinen Erfolge Ihnen helfen, glücklich zu sein!

Außerdem haben Sie durch das schrittweise Vorgehen Zeit zu reflektieren, was funktioniert und was nicht, und gegebenenfalls bewusst etwas zu ändern. Schauen Sie sich also jedes Mal die Resultate Ihrer Bemühungen an. Was ist dabei herausgekommen? Was ist gut gelaufen? Was hat geholfen und was nicht?

Mit Schwierigkeiten und Rückschlägen umgehen

„Ein biegsamer Baum wiegt sich im Sturm, während der stocksteife zerbricht oder entwurzelt wird.“

(Ursula Markham)

An welchem Ziel Sie auch arbeiten mögen – irgendwann werden sicher Probleme auftauchen. Das Leben ist ja immer voller Überraschungen und Hindernisse. Bleiben Sie also flexibel und seien Sie bereit für unerwartete Richtungsänderungen!

Nehmen wir einmal an, Sie planen eine Reise, etwa eine 300 km lange Autofahrt. Sie haben sich verschiedene Routen angeschaut und kennen Ihre Optionen. Sie haben sich für die beste entschieden und fahren los. Alles läuft gut, doch nach 75 km stehen Sie wegen einer Straßenverengung im Stau. Oder haben eine Reifenpanne. Oder stehen auf der Autobahnraststätte, wo Sie etwas essen wollten, vor verschlossener Tür. Was tun Sie? Geben Sie auf? Natürlich nicht! Sie gehen Ihre Optionen durch, überlegen sich gegebenenfalls Alternativen und entscheiden, was Sie als Nächstes tun werden.

Genauso verhält es sich mit Rückschlägen, die bei jedem Vorhaben auftreten: Sie finden heraus, was genau das Problem ist, und suchen nach einer Lösung. Vielleicht können Sie mit dem Problem fertigwerden oder Sie kommen zu dem Schluss, dass Plan A letzten Endes doch nicht funktioniert. Also wechseln Sie zu Plan B.

Wenn Sie bereits mehrere Alternativen überlegt haben, können Sie auf eine davon zurückgreifen und sie zu Ihrem Plan B machen.

Bei allem, was Sie planen – egal, ob es ein Berufswechsel ist, mehr körperliche Fitness oder ein besserer Kontakt zu einer Freundin oder einem Familienangehörigen –, kann immer etwas dazwischenkommen. Das Wetter ändert sich, eine Straße ist gesperrt, jemand, auf den Sie sich verlassen hatten, sagt ab, Sie haben einen Unfall oder verletzen sich oder etwas ist teurer als ursprünglich gedacht. Doch wenn Sie etwas wirklich wollen, dann werden Sie einen Weg finden. Und höchstwahrscheinlich wird es mehr als einen Weg geben. Wie jemand einmal sagte: „Wenn Plan A nicht funktioniert – das Alphabet hat noch 25 weitere Buchstaben."

Ein Plan für schwierige Phasen

Kalkulieren Sie bei Ihrer Planung potenzielle Probleme mit ein, aber auch deren Lösung. Überlegen Sie bei jedem einzelnen Schritt, was schiefgehen könnte. Was wäre das Allerschlimmste?

Doch lassen Sie sich dadurch nicht von Ihrem Vorhaben abbringen. Das ist nicht der Zweck dieser Überlegungen. Sie sollen im Gegenteil die Erfolgswahrscheinlichkeit erhöhen. Wie das? Ganz einfach: Wenn Sie über potenzielle Probleme nachdenken, überlegen Sie zugleich, wie Sie damit fertigwerden könnten. Im Sinne von: Gefahr erkannt, Gefahr gebannt!

Was ist, wenn Ihnen das Geld ausgeht, die Zeit davonläuft oder Ihnen die Hände gebunden sind? Was machen Sie dann? Vielleicht wollen Sie mit einem neuen Projekt anfangen, freiberuflich arbeiten oder ein Unternehmen gründen. Welche potenziellen Probleme könnten dabei auftreten? Denken Sie gründlich darüber nach, wie Sie damit umgehen. Wer könnte Ihnen helfen? Welche Hilfsmittel, Ratschläge, Finanzen oder Ressourcen könnten Sie in Anspruch nehmen?

Glücksgewohnheit: Aus Schwierigkeiten lernen

Wenn die Dinge nicht nach Plan A laufen, wenn es zu Problemen oder Rückschlägen kommt, suchen Sie nicht nur nach Optionen und Lösungen, sondern fragen Sie sich außerdem: Was kann ich daraus lernen? Und: Was kann ich von jetzt an anders machen? Konzentrieren Sie sich auf den Lern- und Optimierungsprozess. Fokussieren Sie eher das Mögliche als das Unmögliche. Öffnen Sie sich für neue Ideen und Verhaltensweisen.

Glücksgewohnheit: Motiviert bleiben

Rufen Sie sich wieder ins Gedächtnis, warum Sie überhaupt dieses Ziel verfolgen, warum es Ihnen wichtig ist. Welche Vorteile hätten Sie davon, es zu erreichen? Vielleicht sind sie finanzieller oder materieller Art. Vielleicht aber auch persönlicher Natur: Sie werden etwas Neues lernen, gesünder sein oder sich selbst bzw. Ihre Situation verbessert haben. Vielleicht hat es mit Ihren sozialen Werten zu tun: dass Sie im Leben anderer Menschen etwas Positives bewirken wollen. Was auch immer es sein mag – rufen Sie sich regelmäßig ins Gedächtnis, wie sich Ihr Leben durch das Verfolgen und Erreichen Ihres Ziels verbessern würde.

Glücksgewohnheit: Suchen Sie sich andere Menschen, die Sie unterstützen und ermutigen

Im ersten Kapitel haben Sie Martin Seligmans Hinweis gelesen, dass wir für unser Glück nicht nur Ziele und Aufgaben brauchen, sondern auch positive Beziehungen. Wir brauchen den zwischenmenschlichen Umgang und den Kontakt zu anderen, unter anderem aber deshalb, weil wir von ihnen – von Freunden, Familienangehörigen, Kolleginnen oder Fachleuten – Ratschläge, Informationen, Unterstützung und Ermutigung bekommen. Erzählen Sie also anderen von Ihren Zielen! So hat wohl Karl Marx gesagt: „Umgib dich mit Menschen, die dich glücklich machen. Menschen, die dich zum Lachen bringen, dir im Notfall helfen und es wirklich gut mit dir meinen. Diese sind es wert, dass du sie behältst. Alle anderen sind nur auf der Durchreise.“

Glücksgewohnheit: Fortschrittsinventur

Gehen Sie regelmäßig in sich und machen Sie sich klar, was Sie erreicht haben. Egal wie langsam es voranzugehen scheint – wenn Sie auf die nächste Etappe zugehen, dann machen Sie Fortschritte!

Glücksgewohnheit: Bleiben Sie flexibel

Seien Sie bereit, Ihre Ziele abzuwandeln. Es ist gut möglich, dass sich Ihre Prioritäten und Ziele mit der Zeit verändern. Passen Sie sie also Ihren neuen Erkenntnissen und Erfahrungen an. Und sollte ein bestimmtes Ziel nicht mehr angemessen sein, dann lassen Sie es fallen. Ich zum Beispiel begann vor ein paar Jahren einen Masterstudiengang an der Open University im Fach Pädagogik. Es war zwar interessant, doch nach dem ersten Modul wollte ich nicht mehr weitermachen. Ich änderte mein Ziel: Statt für das Forschen und Schreiben Geld zu zahlen, wollte ich welches damit verdienen. Und so schrieb ich mein erstes Buch.

Ende gut, alles gut

Falls Sie sich fragen, wie es mit Mike und Gemma weiterging: Mike kündigte seinen Job bei der Risikoinvestmentfirma und setzte seinen Traum, Profisquashplayer zu werden in die Tat um. Die Folge war, dass er, wie er selbst sagte, „meistens pleite, aber vollkommen zufrieden von Sofa zu Sofa zog". Gemma stieg noch am selben Abend in ihre Stöckelschuhe und marschierte damit durch den Supermarkt. Das sei ein richtiges Erfolgserlebnis gewesen, erzählte sie mir – es habe sie glücklich gemacht!

KURZ UND BÜNDIG

- Wenn das, was Sie in verschiedenen Lebensbereichen tun, und die Art, wie Sie es tun, mit Ihren Werten übereinstimmt, dann wird sich das richtig anfühlen. Wenn Ihr Leben mit dem kompatibel ist, was Ihnen wichtig ist, wird das dazu beitragen, dass Sie glücklich sind.
- Doch wenn Sie Ihr Leben mehr oder minder nach Werten leben, an die Sie eigentlich nicht glauben, dann leben Sie mit sich selbst im Konflikt, geraten aus dem Gleichgewicht und sind unglücklich.

- Wenn Sie Ihre Grundwerte kennen sowie Ihre spezfischen Werte in verschiedenen Lebensbereichen, dann gibt das Ihrem Leben Sinn, hilft Ihnen, Ziele zu setzen und sie zu verfolgen.
- Es geht nicht darum, massenhaft Ziele zu haben, sondern darum, sich die verschiedenen Lebensbereiche bewusst zu machen: Arbeit, Familie und Freundschaften, Gesundheit, Hobbys und Interessen etc. Mit jedem sind bestimmte Werte und potenzielle Ziele verbunden, die dazu führen können, dass Sie im Großen und Ganzen glücklich sind.
- Rufen Sie sich die Worte des Philosophs A. C. Grayling ins Gedächtnis: „Glück kommt als Begleiterscheinung anderer Bestrebungen, die schon allein für sich genommen Befriedigung und Erfolgserlebnisse verschaffen."
- Es ist ein Prozess: Sie setzen sich ein bestimmtes Ziel und überlegen, was Sie davon haben, wenn Sie es erreichen, auf welchen Wegen Sie dorthin kommen und welche Schritte dafür notwendig sind.
- Denken Sie bei der Planung Ihres Vorhabens darüber nach, was schiefgehen könnte. Von potenziellen Problemen auszugehen erhöht die Wahrscheinlichkeit, dass Sie mit ihnen fertigwerden, weil Sie es in Gedanken schon getan haben. Wer könnte Ihnen helfen? Welche Hilfsmittel, Ratschläge, Finanzmittel oder Ressourcen stehen Ihnen zur Verfügung?

Glücksgewohnheiten

- Sollten Probleme, Schwierigkeiten und Rückschläge auftreten, suchen Sie nicht nur nach Lösungen, sondern lernen Sie auch daraus.
- Führen Sie sich regelmäßig vor Augen, aus welchen guten Gründen Sie Ihr Ziel verfolgen und erreichen wollen.
- Holen Sie sich Rat und Unterstützung von anderen Menschen.
- Verschaffen Sie sich regelmäßig einen Überblick über Ihre Fortschritte auf dem Weg zu Ihrem Ziel und halten Sie schriftlich fest, was Sie bisher geschafft haben.
- Rekapitulieren Sie Ihre Ziele von Zeit zu Zeit und nehmen Sie bei Bedarf Änderungen vor.

3. | Mal raus aus der Komfortzone

„Das Leben wird nicht besser, indem man auf eine zufällige Chance wartet, sondern durch Change, durch die bewusst herbeigeführte Veränderung.“

(Jim Rohn)

Was immer Sie tun wollen, welche Ziele Sie erreichen möchten – trotz aller guten Vorsätze könnten Sie auf den Gedanken verfallen: „Das dauert viel zu lange“, „Das ist zu schwierig“, „Es ist zu spät“, „Ich kann das nicht“, „Vielleicht mache ich es falsch“, „Meine Freunde könnten etwas dagegen haben“ oder „Womöglich wird meine Familie das nicht gutheißen“. Es stimmt: Es könnte zu schwierig, zu spät sein; andere könnten dagegen sein oder es nicht gutheißen.

Es wird immer zu Problemen und Schwierigkeiten kommen. Doch wenn Sie bleiben, wo Sie sind, wenn Sie sich keinen Schubs geben, dann wird sich nichts verändern und Sie werden nicht glücklicher.

Wie Sie aus Ihrer Komfortzone herauskommen

Was würden Sie tun, wenn Sie wüssten, dass es nicht zu spät ist? Wenn Sie über alles Know-how, alle Fähigkeiten und Kenntnisse verfügten, um dorthin zu gelangen, wo Sie hinwollen? Was würden Sie tun, wenn Sie sich keine Sorgen um die Reaktionen anderer Leute zu machen bräuchten? Und was, wenn Sie sich sicher wären, dass die Sache am Ende garantiert gut ausgeht?

Nur zu oft möchte man etwas tun, rührt aber keinen Finger, weil man weiß, es wird mühevoll und problematisch. Also bleibt man zum Beispiel bei seinem langweiligen Job oder Berufsweg, seinem verhassten Studium, seiner unbefriedigenden Beziehung oder Freundschaft, weil man sich halt damit abgefunden hat. Nichts zu verändern, nichts Neues auszuprobieren oder zu lernen erscheint einfach sicherer.

Vielleicht sind Sie unzufrieden und frustriert, unglücklich oder unerfüllt – immer dasselbe Programm, die gleichen Pflichten, beruflich wie privat – und das schon seit vielen Monaten oder Jahren. Immerhin kennen Sie sich damit aus. Und meinen deshalb: Dann kann ich doch genauso gut dabeibleiben.

Die Palliativpflegerin Bronnie Ware bekam von vielen Sterbenden zu hören, dass sie die meiste Zeit ihres Lebens an alten Mustern und Gewohnheiten festgehalten hatten. Und sie bereuten es. „Der sogenannte ‚Komfort' des Bekannten bestimmte ihr Leben. Aus Angst vor Veränderungen spielten sie anderen und auch sich selbst vor, dass sie zufrieden waren."

Machen Sie es nicht wie diese Menschen! Auch nicht wie Ali.

Alis Geschichte

Ali dachte, wenn er kein Risiko einginge und es gar nicht erst versuchte, könnte er auch nicht scheitern. Ali sehnte sich nach einem Partner, einem Menschen, der etwas ganz Besonderes für ihn war und mit dem er sein Leben verbringen wollte. Jemand mit gleichen Interessen, der ihn lieben und für ihn da sein würde. Aber Ali war nicht bereit, seine Grenzen zu erweitern, neue Leute kennenzulernen und Einladungen zu Veranstaltungen anzunehmen, wo er normalerweise nicht hingehen würde. Er empfand das als reine Zeit- und Energieverschwendung. Auch eine Online-Partnervermittlung kam partout nicht infrage und schon gar nicht würde er sich von seinem Freund mit einem Fremden verkuppeln lassen! Denn was, wenn der sich als langweilig oder dumm entpuppte? Oder wenn Ali ihn mochte, das Interesse aber nicht gegenseitig war? Besser, sich gar nicht erst zu verabreden, als zu einem Date zu gehen und dann die Erfahrung zu machen, dass der andere sich nicht mehr meldete.

Das war Alis Herangehensweise in den meisten Lebensbereichen: nur ja kein Risiko! Er blieb dann zwar „in Sicherheit", bekam jedoch selten das, was er eigentlich wollte. Indem er nichts riskierte und in seiner Komfortzone blieb, war Ali in seinem eng begrenzten Leben eingesperrt. Er war nicht glücklich.

Die Dinge, für die Sie keine Verantwortung haben, können Sie nicht ändern.

Wie heißt es so schön bei George Bernard Shaw: „Freiheit bedeutet Verantwortlichkeit, das ist der Grund, weshalb die meisten Menschen sich vor ihr fürchten." Genauso verhält es sich mit dem Glück – die meisten Menschen wollen kein Glück, denn auch das erfordert Verantwortung.

Wenn Sie wie Ali sind, dann wollen Sie lieber nichts ändern. Doch je stärker Sie sich gegen Veränderungen wehren, desto verkrusteter werden Ihre alten Muster und Gewohnheiten und desto wahrscheinlicher werden Sie Ihr Potenzial, glücklich zu sein, nicht ausschöpfen. Sie versagen sich selbst die Chance zu entdecken, wozu Sie eigentlich fähig sind. Sie lernen nicht, Herausforderungen zu begegnen, und Sie geben sich keine Gelegenheit, sich über das Erreichte zu freuen. Glücklicher werden Sie so nicht.

Das muss aber nicht so sein! Ein glückliches und zufriedenes Leben – im Einklang mit Ihren Werten, wenn Sie tun, was Ihnen wichtig ist, was Ihnen etwas bedeutet – kostet Mühe, es erfordert Ausdauer sowie ein gewisses Maß an Risiko- und Opferbereitschaft. Es bedeutet, dass Sie Ihre Komfortzone verlassen, die sich auf diese Weise immer weiter ausdehnen wird. So entsteht mehr Spielraum für Glück und Zufriedenheit.

Glücksgewohnheit: Halten Sie nach Gelegenheiten Ausschau, Ihre Komfortzone zu verlassen

Schreiben Sie fünf Dinge auf, die Sie aus Ihrer Komfortzone herauslocken, die diese ein bisschen dehnen, aber nicht zu sehr. Entscheiden Sie sich für einen Punkt von der Liste und packen Sie ihn an.

Mels Geschichte

Mel ist Illustratorin. „Vor zwei Jahren habe ich meine Stelle gekündigt und mich selbstständig gemacht. Ich hatte Angst gehabt, mein sicheres Gehalt gegen eher unsichere Verdienstmöglichkeiten einzutauschen. Doch irgendwann war es mir wichtiger, flexibel arbeiten zu können, meinen Alltag selbst zu bestimmen und die Art von Arbeit zu tun, die mich interessierte und die mir Spaß machte.

Das erste Jahr war nicht leicht. Es gab Seiten am Freiberuflichsein, die ich überhaupt nicht mochte, wie etwa Akquise zu betreiben, auf mögliche Aufträge zu warten und ausstehende Zahlungen einzutreiben. Außerdem musste ich mich erst an die Umstellung gewöhnen, nicht mehr zusammen mit fünf oder sechs anderen in einem Büro zu sitzen, sondern allein in meiner Wohnung.

Und trotz allem bin ich glücklicher! Ich habe nun die ersehnte Flexibilität und Kontrolle. Der neuen Situation habe ich mich angepasst und auch gelernt, mit Herausforderungen fertigzuwerden. Derzeit versuche ich, meinen Kundenkreis zu erweitern, und verschwende nicht mehr so viel Zeit und Energie darauf, mich über Kunden aufzuregen, die auf meine Angebote gar nicht erst reagieren. Ich ignoriere sie einfach. Auch unbezahlte Rechnungen stressen mich nicht mehr ganz so sehr – irgendwann bezahlt schließlich jeder. Für eventuelle Ausfälle habe ich Rücklagen angespart, damit ich Zahlungsforderungen an mich fristgerecht nachkommen kann.“

Erinnern Sie sich an die Sterbenden, mit denen Bronnie Ware gesprochen hat: Gibt es etwas, das Sie gern tun würden? Doch Sie können oder wollen Ihre alten Muster und Gewohnheiten nicht loslassen? Glauben Sie etwa, Sie könnten sich nicht an Veränderungen anpassen? Natürlich können Sie das!

Glücksgewohnheit: Verändern üben

Sie können sich selbst beweisen, dass Sie mit Veränderungen klarkommen. Versuchen Sie zum Beispiel, auf einem anderen Weg oder auf eine andere Fortbewegungsart als sonst – mit dem Auto, mit dem Fahrrad oder zu Fuß – an einen Ort zu gelangen, den Sie regelmäßig aufsuchen: Ihren Arbeitsplatz, das Fitnesscenter, die Kneipe, Ihre Freundin oder einen Verwandten. Wenn Sie im Supermarkt einkaufen, laufen Sie die Regale in einer anderen Reihenfolge ab. Ja, das kostet Mühe, aber auf diese Weise sehen Sie, dass es nicht unmöglich ist, Dinge auf andere Weise zu tun.

Lassen Sie los, was Sie unglücklich macht

Vielleicht sind Sie aber gar nicht besorgt wegen der Herausforderungen, die mit dem Verfolgen eines oder mehrerer Ziele einhergehen könnten. Die schrecken Sie nicht ab. Vielleicht ist es eher etwas, das Sie tun oder nicht mehr tun sollten, bevor Sie sich auf ein Ziel festlegen und es verfolgen, und das hält Sie jetzt davon ab. Was könnte das sein? Was hindert Sie am Verfolgen Ihrer Ziele? Müssen Sie etwas bleiben lassen und sich davon verabschieden?

Möglicherweise müssen Sie Ihr Studium, Ihre Lehre oder eine andere Form der Ausbildung abbrechen, eine Beziehung oder eine Freundschaft beenden oder umziehen. Vielleicht hängt Ihnen Ihre Arbeit zum Hals heraus. Oder Sie finden Ihre Arbeit okay, aber nicht die lange Anfahrt. Vielleicht sind Sie für einen Kurs angemeldet, Mitglied in einem Interessenverband oder engagieren sich ehrenamtlich und fanden es anfangs auch gut, jetzt aber nicht mehr. Vielleicht ist der Kurs zu stressig und macht Sie unglücklich. Oder Ihr politisches oder soziales Engagement hält Sie davon ab, Dinge zu tun, die Ihnen mittlerweile wichtiger geworden sind. Etwas hindert Sie daran, so zu leben, wie Sie es gerne täten. Vielleicht wohnen Sie an einem Ort, der aus irgendwelchen Gründen nicht zu Ihnen passt. Oder eine Freundschaft wird Ihnen langsam lästig, weil Sie eigentlich nichts mehr gemeinsam haben oder, noch schlimmer, weil Ihr Freund / Ihre Freundin Ihnen das Leben schwer macht.

Warum können Sie nicht loslassen?

Vielleicht sagen Sie sich, Sie seien daran gewöhnt, etwa an den beschissenen Job, den inkompetenten Chef und die fiesen Kollegen und Kolleginnen. Sie haben sich schon so lange damit abgefunden, dass Sie genauso gut weitermachen können. Sie denken an all das – Zeit, Energie, Geld –, was Sie bereits in das Studium, die Freundschaft, den Verein oder was auch immer investiert haben. Wozu war denn das alles gut, wenn Sie sich jetzt davon trennen? Vielleicht scheuen Sie sich davor, die anderen vor den Kopf zu stoßen, zu enttäuschen oder zu verletzen, zu ärgern oder gar gegen sich aufzubringen, wenn Sie ihnen sagen, dass sie Ihre Mitarbeit nicht mehr für selbstverständlich nehmen und nicht mehr erwarten können, dass Sie tun, was Sie nach Meinung der anderen tun „sollten". Vielleicht fällt es Ihnen aber auch schwer, etwas zu beenden, weil Sie nicht zugeben können, dass Sie sich von Anfang an geirrt haben, oder weil Sie nicht zugeben mögen, dass Sie trotz Ihrer Unzufriedenheit immer noch weitermachen.

Also kämpfen Sie weiter, obwohl Sie deprimiert, genervt, gestresst oder angespannt sind, entweder weil Sie keine andere Möglichkeit sehen oder in der Hoffnung auf bessere Zeiten.

Jetzt ist der Zeitpunkt gekommen: Lassen Sie los!

Die Zeit ist reif für die Erkenntnis: Ihre Prioritäten haben sich geändert. Stehen Sie dazu. Hören Sie auf zu glauben, dass Sie standhaft sein „sollten", dass sowieso alles einerlei ist und Sie genauso gut bleiben könnten. Denken Sie darüber nach, was Sie stattdessen wirklich und wahrhaft tun möchten. Was ist Ihnen jetzt wichtiger, was entspricht eher Ihren Prioritäten und Wertvorstellungen? Was würde Sie wahrscheinlich glücklicher machen? Seien Sie ehrlich zu sich selbst.

Positives und negatives Denken

Möglicherweise tendieren Sie infolge früherer Erlebnisse zu negativen Denkmustern. Sie haben gelernt, hilflos und pessimistisch zu sein und zu resignieren. Sie glauben, Sie hätten keine Kontrolle über das, was Ihnen derzeit und zukünftig passiert, und über Ihre Lebensumstände. Sie reden sich ein, Ihre Probleme und Schwierigkeiten ließen sich nicht lösen, und sehen keinen Ausweg, keine Möglichkeit zur Veränderung. Doch in Wahrheit sind Sie nicht willens, es zu versuchen. Für Menschen mit einer positiven Einstellung hingegen sind Schwierigkeiten und Niederlagen kein Dauerzustand, sondern etwas Vorübergehendes.

Die Tendenz, Handlungen und Begebenheiten in ein vorteilhaftes Licht zu rücken beziehungsweise vom bestmöglichen Ergebnis auszugehen, ist – wie könnte es anders sein – Optimismus. Als Optimist*in haben Sie das Gefühl, selbst über Ihr Leben bestimmen und das Geschehen beeinflussen zu können. Sie betrachten Ereignisse und Umstände von ihrer hellen Seite und erwarten den jeweils günstigsten Ausgang.

Glücksgewohnheit: Positiv denken!

Gewöhnen Sie sich eine positive Einstellung an. Machen Sie eine Liste mit allem, das Sie loswerden möchten, und notieren Sie bei jedem Punkt, was Sie davon hätten, wenn Sie es täten. Wie würden Sie davon profitieren? Wie viel Zeit, Energie, Freiheit oder Geld würden Sie gewinnen und was würden Sie damit anfangen?

Befreien Sie sich von Verpflichtungen und Situationen, die Sie unglücklich machen

Falls es Ihnen schwerfällt zuzugeben, dass Sie einen Fehler gemacht haben, halten Sie sich vor Augen, dass Ihre Entscheidung zum damaligen Zeitpunkt richtig war. Also, ja doch – damals schien es eine gute Idee, sich für den Lehrgang anzumelden, aber jetzt merken Sie, dass er nichts für Sie ist. Vorher haben Sie halt anders empfunden als jetzt. Genau das ist Dev passiert.

Devs Geschichte

Vor ein paar Jahren bekam er einen Studienplatz im Fach Digitale Filmproduktion. Doch es war nicht das Richtige für ihn, wie er am Ende des ersten Semesters merkte. Er würde nicht nur drei Jahre später auf einem Schuldenberg sitzen, sondern müsste trotz seines Hochschulabschlusses in der Filmindustrie von ganz unten anfangen, nämlich als Set-Runner. Dafür brauchte man doch sicherlich kein abgeschlossenes Studium!

Statt also drei Jahre zu warten und 30 000 Pfund Schulden anzuhäufen, wollte Dev lieber sofort und von ganz unten anfangen. Allerdings müsste er es seinen Eltern sagen und sie fragen, ob er wieder bei ihnen wohnen könnte. Dabei hatten sie die Miete für sein Zimmer im Wohnheim bereits im Voraus bezahlt und würden nicht so leicht aus dem Vertrag herauskommen, der Dev dazu verpflichtete, bis zum Ende des ersten Studienjahres zu bleiben. Außerdem hatte er sein Studentendarlehen bereits erhalten. Und bei alldem war ihm auch noch klar: Er müsste wirklich sämtliche Hebel in Bewegung setzen, um überhaupt nur einen Fuß in die Filmbusiness-Tür zu kriegen. Alles nicht so einfach!

Das war vor einem Jahr. Alle Schwierigkeiten im Zusammenhang mit dem Abbruch seines Studiums konnte Dev bewältigen. Er nahm jeden Aushilfsjob an, der ihm über den Weg lief, und machte Überstunden – ein Arbeitstag von 14 Stunden ist beim Film keine Seltenheit. Er hat sich hochgearbeitet und vor Kurzen sogar zwei Praktika als Kameramann gemacht. Er ist glücklich.

Hier noch ein Beispiel von einer Frau, die ihren ursprünglichen Wunsch als doch nicht für sie passend erkannte, weil sie nicht glücklich war.

Lous Geschichte

Als Lou gerade ihren Job verloren hatte, bekam sie die Erbschaft ihrer Mutter ausbezahlt. Sie beschloss, das stressige Leben in London einschließlich ihrer erwachsenen Söhne und ihrer vielen Freunde hinter sich zu lassen und aufs Land zu ziehen. Statt nach einem anderen Job zu suchen, würde sie ihre Erbschaft und die Abfindung in Immobilien investieren. Sie wollte ein paar Ferienhäuschen kaufen, diese vermieten und von den Einnahmen leben. Also nahm sie an einem Seminar für Immobilienmanagement teil.

Nach einem Jahr entpuppte sich Lous Vorhaben als Fehler. Das Immobiliengeschäft und das Vermieten von Ferienwohnungen war nichts für sie. So gern sie mit ihrem Hund auf lange Wandertouren ging – sie litt unter Einsamkeit und Langerweile. Also beschäftigte sie sich wieder mit ihren Werten und Prioritäten und unterzog sie einer Überprüfung. Dadurch wurde ihr klar, wie ungemein wichtig ihre Freunde, ihre Familie und ihr Sozialleben für sie waren. Aber auch Kolleginnen und Kollegen zu haben, die Struktur und die Sicherheit einer regelmäßigen Arbeitsstelle waren ihr wichtig.

Sie sah sich jedoch nicht als komplett gescheitert an, nur weil sie eine falsche Entscheidung getroffen hatte, sondern betrachtete die Vorkommnisse vielmehr so: Sie hatte eine Idee gehabt, diese verfolgt und dann aber gemerkt, dass sie so nicht glücklich wurde. Ja, sie würde Geld verlieren und fürchtete sich davor, ihrer Familie und ihren Freunden gegenüber einen Fehler eingestehen zu müssen. Doch statt weiter darauf herumzureiten, was sie „falsch" gemacht hatte, würde sie einen Schlussstrich ziehen.

Es brauchte eine Weile, bis alles geregelt war, doch sie schaffte es. Es war nicht leicht, eine bezahlbare Wohnung zu finden, und auch eine neue Stelle fand sie nicht gleich – tatsächlich hat sie bislang nur zwei TeilzeitJobs –, aber sie ist um Einiges glücklicher.

Befinden Sie sich in einer Situation, in der Sie unglücklich sind? Gibt es etwas, das Sie viel lieber tun würden? Was hält Sie vom Loslassen ab? Vielleicht wollen Sie nicht verlieren, was Sie bereits an Zeit, Energie oder Geld investiert haben. Nehmen Sie sich ein Beispiel an Dev und Lou und konzentrieren Sie sich nicht auf das, was Sie durch den Abschied verlieren, sondern darauf, was Sie gewinnen. Egal, ob Sie es einen Monat, ein Jahr oder sogar ein halbes Leben ausgehalten haben – Sie sollten nicht zulassen, dass Sie weiterhin unglücklich sind, nur weil Sie befürchten, dass ansonsten alles, was Sie in der Vergangenheit auf sich genommen haben, für die Katz war: Nur Ihr jetziges Leben zählt.

Nichts kann Sie davon abhalten, einfach zu gehen, es sei denn, Sie haben einen Vertrag unterzeichnet. Und selbst aus dem kommen Sie wieder heraus. (Dev zum Beispiel muss trotz seiner Verhandlungen mit dem Studentenwohnheim bis heute die Miete für das ganze Studienjahr abstottern. Er war bereit, im wahrsten Sinne des Wortes den Preis für die Erfüllung seines Traums zu zahlen.)

Auch wenn Ihnen möglicherweise bei dem Gedanken unwohl zumute ist oder er Ihnen sogar Angst macht – Sie müssen Ihrer Familie, Ihren Freundinnen und Kollegen erklären, dass Sie Ihre Meinung geändert haben. Ein paar schwierige Gespräche sind doch ein vergleichsweise geringer Preis für etwas, das sich für Sie vollkommen richtig anfühlt.

Falls Sie aus einem Verein oder einer politischen Gruppe austreten wollen, wo Sie Verantwortung tragen, kündigen Sie Ihre Mitgliedschaft rechtzeitig, begründen Sie Ihre Entscheidung und dann gehen Sie. Die anderen werden sich anpassen und auch ohne Sie zurechtkommen. Sie werden es schaffen und es wird ihnen gut gehen. Doch wenn Sie bleiben – wird es Ihnen dann gut gehen? Oder werden Sie das Gefühl haben, in der Falle zu sitzen, und unglücklich sein? Wenn Sie eingesperrt in eine Situation sind, die Ihnen nicht behagt und in der Sie sich nicht dem widmen können, was Sie eigentlich viel lieber tun würden?

Sie sind doch kein schlechter Mensch, weil Sie bei irgendwas nicht mehr mitmachen wollen. Im Gegenteil – Sie sind ein guter Mensch, weil Sie gemerkt haben, dass etwas nicht für Sie passt, Sie nicht mehr mit dem Herzen dabei sind und es Zeit ist loszulassen.

Befreien Sie sich von Verpflichtungen und Situationen, die Sie ärgern und unglücklich machen.

Lassen Sie Beziehungen los, die Sie auslaugen. Freundschaften gehen manchmal von allein zu Ende: Lassen Sie es zu. Und wenn jemand anderes Sie ernstlich unglücklich macht, Sie schikaniert – Sie ständig belästigt, herumkommandiert oder einschüchtert, Sie immer wieder persönlich oder online kritisiert, beschimpft oder erniedrigt – dann *müssen* Sie handeln. Denn von selbst wird dieser Mensch nicht verschwinden!

Sie können sich Hilfe und Unterstützung holen (am Ende des Buches gibt es eine Liste mit informativen Websites, Büchern und anderen Ressourcen). Aber Sie müssen auch ernsthaft in Erwägung ziehen zu gehen: Ihre Arbeit zu kündigen, umzuziehen, Ihre Beziehung zu beenden oder aus sozialen Medien auszusteigen.

Wenn Sie gemobbt werden, überlegen Sie sich, was Ihnen am wichtigsten ist: Ist es vielleicht die Freiheit, in Frieden zu leben? Was kann Ihnen Gutes passieren, wenn Sie sich fürs Gehen entscheiden? Denken Sie darüber nach. Ja, vielleicht geben Sie mehr auf als einen guten Job, z. B. die finanzielle Sicherheit, Ihre netten Kollegen etc. Doch konzentrieren Sie sich auf das Positive: dass Sie den oder die Mobber hinter sich lassen. Wenn Sie gehen, wenden Sie für sich das Blatt zum Positiven: Sie haben unter Kontrolle, was passiert. Sie entziehen den Betreffenden die Gelegenheit, Ihnen weiterhin mit Ihrem Verhalten zu schaden.

Wenn Sie einmal gegangen sind, können Sie Ihre Energie in die Job- oder Wohnungssuche stecken, statt sie daran zu verschwenden, Ihren

Tyrannen aus dem Weg zu gehen, sie zu beschwichtigen oder ihnen zu gefallen.

Bei allem, was Sie unglücklich macht und Ihr Leben aus dem Takt bringt, gelten die gleichen Prinzipien: Erkennen Sie an, was Sie zu verlieren haben, wenn Sie loslassen. Doch konzentrieren Sie sich noch viel stärker darauf, was Sie dadurch gewinnen. Und dann tun Sie den ersten Schritt.

Schritte festlegen und losgehen

Was immer Sie zuerst tun wollen, was immer Sie verändern müssen, um etwas sein oder loszulassen: Das hier ist der erste Schritt zu Ihrem Ziel. Es ist der erste Schritt, mit dem Sie auf das zugehen, was Sie wirklich wollen. Der Prozess, wie Sie eine Verantwortung abgeben, etwas loslassen oder sich aus einer nicht zufriedenstellenden Situation lösen, läuft nach dem gleichen Muster ab wie in Kapitel 2 beschrieben.

1. *Benennen Sie das Ziel:* Was genau soll aufhören, was genau wollen Sie beenden?
2. *Benennen Sie die Vorteile:* Was werden Sie davon haben, wenn Sie loslassen? Wie werden Sie sich fühlen? Erleichtert? Gut? Hocherfreut? Was werden Sie mit Ihrer neu gewonnenen Freiheit anfangen?
3. *Überdenken Sie Ihre Optionen*: Wie könnten Sie aussteigen? Was brauchen Sie an Informationen, Ratschlägen oder Hilfestellungen? Denken Sie darüber nach, wer Ihnen helfen könnte. Sprechen Sie mit anderen, die mit ähnlichen Schwierigkeiten zu kämpfen hatten, und lassen Sie sich erzählen, wie sie damit fertiggeworden sind. Wie flexibel sind Sie? Ist das wirklich eine endgültige Entscheidung, dass Sie eine bestimmte Sache sein lassen wollen? Oder können Sie sich vorstellen, zu verhandeln und Kompromisse einzugehen? Gesetzt den Fall, Sie teilen den anderen mit, dass Sie sich nicht mehr um die Angelegenheiten des Vereins, der Initiative oder der Interessengruppe kümmern können – treten Sie am Monatsende aus oder erklären Sie sich bereit, so lange zu bleiben, bis man eine Nachfolge gefunden hat?

4. *Legen Sie die nächsten Schritte fest:* Was auch immer auf dem Programm steht – unterteilen Sie Ihr Vorhaben in kleinere, realistischere Schritte; dann sind Sie nicht so schnell demotiviert. Ganz einfach wird das Ganze wohl trotzdem nicht, doch Sie brauchen nur den ersten Schritt zu tun und schon haben Sie sich in Bewegung gesetzt, gewinnen eine neue Perspektive und können von dort aus weiterschauen. Egal ob Sie Ihren Job, Ihr Studium oder eine Freundschaft beenden wollen – tun Sie diesen ersten Schritt. Schreiben Sie den Brief. Schicken Sie die Mail. Rufen Sie an. Füllen Sie das Formular aus. Machen Sie den Termin. Suchen Sie eine bestimmte Person auf und sprechen Sie mit ihr. Gehen Sie zur Rechtsberatung. Und sagen Sie es Ihrer Familie und Ihren Freunden und Freundinnen. Was auch immer ansteht – tun Sie diesen ersten Schritt und bringen Sie den Stein ins Rollen!

Haben Sie erst einmal losgelegt, ist es einfacher, weiterzumachen, denn sobald Sie aktiv sind, werden die Dinge schon ihren Lauf nehmen. Aus diesem Grunde empfiehlt es sich, die nächsten Schritte zu planen: Es ist leichter, wenn Sie wissen, was sie als Erstes tun müssen und was danach drankommt. Konzentrieren Sie sich jeweils nur auf den Schritt, der gerade an der Reihe ist. Sagen Sie sich selbst: „Als Nächstes tue ich das hier." Und richten Sie Ihre Aufmerksamkeit nur darauf. Tun Sie dann den nächsten Schritt und Sie werden sehen: Sie schaffen es und kommen voran.

Sie brauchen nicht darauf zu warten, bis Sie furchtloser und selbstsicherer sind, ehe Sie loslegen. Kommen Sie in die Gänge, dann geht alles seinen Gang.

Haben Sie Mut!

Glückliche Menschen sind nicht furchtlos, sondern mutig. Und das können auch Sie sein. Sie können für diesen heiklen Schritt des Loslassens einer unbefriedigenden Situation oder Beziehung all Ihren Mut zusammennehmen. Mutig zu sein heißt jedoch nicht, keine Angst zu haben. Mut heißt vielmehr, dass man etwas macht, *obwohl* man Angst davor hat und bei dem Akt der Selbstbefreiung mit Schwierigkeiten und Problemen rechnet.

Wenn Sie eine auf wenige Gegenliebe stoßende Entscheidung treffen, egal ob sie nun Sie selbst oder jemand anderes betrifft, und egal, worum es sich handelt – Ihre Stelle zu kündigen, Ihre Beziehung oder Ihr Studium zu beenden oder umzuziehen: Mut verleiht Ihnen Tapferkeit und hilft, Ängste und Sorgen zu überwinden. Trotz der Einwände und der Missbilligung der anderen können Sie so das tun, was Sie selbst wollen.

Wie der Autor und Rockbandmanager James Hollingworth (alias Ambrose Redmoon) einmal sagte: „Mut hat nichts mit fehlender Angst zu tun, sondern mit der Entschlossenheit, dass etwas anderes wichtiger ist."

Und ist Ihr Glück nicht wichtiger?

Glücksgewohnheit: Seien Sie mutig!

Gewöhnen Sie sich an, mutig zu sein. Und das geht so:

Fokussieren Sie das Positive. Rufen Sie sich ins Gedächtnis, warum Sie etwas tun wollen und was Sie davon haben. Das motiviert und ermutigt zum notwendigen ersten Schritt. Dieser Fokus auf den Grund und das Ziel – behalten Sie das im Hinterkopf! – verhindert, dass Zweifel, Unsicherheit und Angst überhandnehmen. Konzentrieren Sie sich also auf die Vorteile: Was genau haben Sie davon, wenn Sie etwas hinter sich lassen, das Sie nicht glücklich macht? Denken Sie daran, dass Sie sich Freiräume für die Dinge schaffen, die Sie wirklich tun möchten, dass Sie darauf hinarbeiten und es auch erreichen können.

Stehen Sie zu Ihren Ängsten und Zweifeln und akzeptieren Sie sie, statt dagegen anzukämpfen. Sagen Sie sich selbst: „Ich habe Angst. Ich bin unsicher." Dann schieben Sie diese Gedanken und Gefühle beiseite und sagen Sie sich: „Aber ich schaffe das." Spüren Sie Ihre Angst. Und dann tun Sie's. Trotzdem.

Denken Sie nicht zu viel nach. Je mehr Sie darüber nachdenken, ob Sie etwas tun sollten oder nicht, desto länger müssen Sie mit Entschuldigungen aufwarten und desto weniger wahrscheinlich werden Sie diesen ersten mutigen Schritt tun. Denn Mut verrinnt so leicht wie Wasser im Sand. Je länger Sie warten, desto mehr verlässt er sie. Also: Haben Sie etwas beschlossen, dass Sie etwas tun wollen, warten Sie nicht – tun Sie es!

Fokussieren Sie den ersten Schritt. Wenn Sie alle nötigen Schritte bis zu Ende durchdacht haben, konzentrieren Sie sich jetzt nur auf diesen ersten Schritt. Vielleicht wollen Sie endlich etwas aussprechen. Dann überlegen Sie sich den ersten Satz, etwa: „Ich muss dir etwas erzählen." Meistens ist der erste Schritt ja die halbe Miete. Sobald Sie diese Hemmschwelle überwunden haben, gibt Ihnen das so viel Schwung, dass Sie die Dinge am Laufen halten können. Und dann werden Sie das Kind schon schaukeln.

Betrachten Sie die Dinge im richtigen Verhältnis. Was Sie auch tun müssen, um loszulassen und auszusteigen, so mühsam der Weg auch sein mag, der da vor Ihnen liegt und für den Sie vielleicht tage-, wochen-, monate- oder gar jahrelang brauchen werden: Wenn Sie ihn hinter sich gebracht haben, werden Sie eine neue Richtung einschlagen und frei sein, um das zu tun, was Sie glücklich macht. Nüchtern betrachtet geht das Leben einfach weiter, egal ob Sie aktiv werden oder nicht. Also können Sie genauso gut Ihren Mut zusammennehmen, aktiv werden und Dinge in Bewegung setzen, damit Sie den stetigen Lauf Ihres Lebens wunschgemäß gestalten.

Glücksgewohnheit: Lassen Sie sich inspirieren!

Sorgen Sie selbst für Ihre Inspiration. Denken Sie an eine angstbesetzte Situation in der Vergangenheit, in der Sie sich Ihrer Angst jedoch stellten und aktiv wurden. Was hat Ihnen damals geholfen? Wodurch konnten Sie den kühnen Schritt wagen?

Lassen Sie sich auch von anderen Menschen inspirieren. Sprechen Sie mit ihnen über die Veränderungen in ihrem Leben. Was haben sie verändert, was mussten sie anders machen, hinter sich lassen etc., um glücklich zu sein? Fragen Sie sie, ob sie sich fürchteten und welche Ängste sie hatten. Wie sind sie damit fertiggeworden? Wie ist es für sie ausgegangen?

KURZ UND BÜNDIG

- Glücklich zu sein – entsprechend der eigenen Werte zu leben, Ziele zu haben, zu tun, was einem etwas bedeutet und wichtig ist – kostet Mühe und Ausdauer, erfordert Risiko- und Opferbereitschaft. Dazu müssen Sie aus Ihrer Komfortzone herauskommen. Mit jedem konkreten Versuch weitet sich diese zunehmend, und Sie bekommen so mehr Spielraum, um glücklich zu sein.
- Situationen, für die Sie nicht verantwortlich sind, können Sie nicht ändern. Wer nach Glück strebt, wird immer auf Herausforderungen und Schwierigkeiten stoßen, doch wenn Sie sich keinen Ruck geben, wird sich nichts ändern und dann werden Sie auch nicht glücklicher.
- Vielleicht müssen Sie auch mit etwas aufhören, vielleicht gibt es etwas, das Sie loslassen müssen, ehe Sie sich wirklich auf das einlassen können, wonach Sie streben.
- Vielleicht denken Sie daran, was Sie schon investiert haben, all die Zeit, die Mühe, die Liebe oder das Geld. Vielleicht sind Sie monate- oder jahrelang bestimmten Verpflichtungen nachgekommen oder waren für bestimme Abläufe zuständig. Und da Sie sich ja nun einmal damit auskennen, machen Sie einfach weiter. Und obwohl Sie unglücklich sind, haben Sie vielleicht die Befürchtung, mit Ihrem Rückzieher andere im Stich zu lassen. Womöglich wollen Sie nicht zugeben, dass das Ganze von Anfang an ein Fehler war. Oder dass Sie schon so lange etwas tun, das sie nie so recht zufriedengestellt hat.
- Sie sind deprimiert und ärgern sich, sind gestresst oder nervös und trotzdem strampeln Sie weiter, weil Sie glauben, dass Sie nichts ändern können, oder weil Sie hoffen, dass es irgendwie von allein besser wird.
- Reden Sie sich nicht ein, dass Sie bleiben „sollten" oder „genauso gut" weitermachen könnten, sondern denken Sie daran, was Ihnen wirklich ein Herzensbedürfnis ist. Was ist Ihnen jetzt wichtiger, noch stärker im Einklang mit Ihren Prinzipien und Prioritäten? Was wird Sie wahrscheinlich glücklicher machen? Seien Sie ehrlich.
- Befreien Sie sich von nicht zufriedenstellenden Verpflichtungen und Umständen.
- Wenn es Ihnen schwerfällt, einen Fehler einzugestehen, dann sagen Sie sich, Sie haben damals die richtige Entscheidung getroffen, doch jetzt merken Sie, dass das so für Sie nicht funktioniert. Ihre Einstellung dazu hat sich geändert.

- Es ist weniger schlimm, Ihrer Familie, Ihren Freundinnen oder Kollegen zu sagen, warum Sie Ihre Meinung geändert haben, als einfach weiterzumachen mit dem Gefühl, in der Falle zu sitzen. Denn: Die anderen werden sich umstellen, sie können und werden damit zurechtkommen. Das ist besser, als in einer unangenehmen Situation gefangen zu bleiben und folglich nicht zu dem zu kommen, was Ihnen inzwischen viel wichtiger ist, und deswegen unglücklich zu sein.
- Verabschieden Sie sich von Beziehungen, die Ihnen zu anstrengend sind. Unternehmen Sie etwas, wenn die andere Person Sie ernsthaft unglücklich macht.
- Machen Sie sich klar, was Sie verlieren, wenn Sie etwas hinter sich lassen, das Sie unglücklich macht oder Sie davon abhält, etwas aus Ihrem Leben zu machen, aber konzentrieren Sie sich vor allem darauf, was Sie gewinnen. Und dann tun Sie den ersten Schritt.
- Ob Sie eine Verpflichtung abgeben bzw. aus einer nicht zufriedenstellenden Situation aussteigen oder ob Sie Ihr Leben bewusst und sinnvoll gestalten – hinter beidem steckt der gleiche Prozess: Sie setzen Ziele und überlegen sich die Vorteile – was haben Sie davon, wenn Sie loslassen? Dann gehen Sie in Gedanken Ihre Optionen durch: Auf welche Weise könnten Sie aussteigen? Was fehlt Ihnen? Brauchen Sie Informationen, Rat oder Unterstützung? Wenn Sie die nötigen Schritte kennen, unterteilen Sie sie in kleinere, machbarere und daher viel weniger beängstigende Schrittchen.
- Schöpfen Sie Mut für den ersten Schritt und gehen Sie die Schwierigkeiten an, die das Loslassen einer nicht zufriedenstellenden Situation oder Beziehung mit sich bringt. Mut ist nicht mit Angstlosigkeit zu verwechseln. Mut ist, wenn man etwas tut, obwohl man Angst hat und weiß, dass es mühsam und schwierig ist.

Glücksgewohnheiten

- Halten Sie nach Möglichkeiten Ausschau, wie Sie Ihre Komfortzone erweitern können.
- Üben Sie, Dinge einmal anders zu machen, und Sie werden sehen: Es ist nicht unmöglich.
- Denken Sie positiv! Schreiben Sie alles auf, womit Sie aufhören oder was Sie loslassen wollen und was Sie davon haben, welche Vorteile das mit sich bringen würde.
- Seien Sie mutig. Überwinden Sie ganz bewusst Ihre Ängste und Zweifel und sagen Sie sich: „Aber ich kann das." Fokussieren Sie den ersten Schritt. Denken Sie nicht zu viel darüber nach. Spüren Sie Ihre Angst. Und dann tun Sie's. Trotzdem.
- Lassen Sie sich inspirieren. Denken Sie an frühere Situationen, als Sie Angst hatten, ihr ins Gesicht sahen und aktiv wurden. Fragen Sie andere, ob ihnen auch bange oder mulmig zumute war, als Sie etwas loslassen wollten, und wie sie damit umgegangen sind.
- Betrachten Sie Dinge im richtigen Verhältnis: In einigen Tagen, Wochen, Monaten oder Jahren wird all das hinter Ihnen liegen, was Sie jetzt bewältigen müssen, ehe Sie eine neue Richtung einschlagen und frei sind, das zu tun, was Sie glücklich macht.
- Konzentrieren Sie sich auf die Vorteile, etwas loszulassen, das Sie nicht glücklich macht. Denken Sie darüber nach, wie es sein wird, wenn Sie frei sind, um das anzustreben und zu erreichen, was Sie wirklich viel lieber täten.

4. Auch die kleinen Freuden des Lebens machen glücklich

Muße

„Wozu dies mühevolle Leben,
wenn uns die Zeit fehlt, um mal eben
wie die Schafe unter Bäumen
nur zu stehen und zu träumen?“

(W. H. Davies)

Diese beiden Gedichtverse führen uns vor Augen, dass wir vor lauter Mühen und Sorgen nur zu oft von einer Sache zur nächsten hechten und uns nicht die Zeit nehmen, stehen zu bleiben und in Ruhe zu schauen – und dadurch die kleinen Freuden des Lebens verpassen.

Kleine Freuden und tolle Sachen

Unabhängig von Ihren konkreten Lebensumständen und Fähigkeiten – die Welt ist voller kleiner Freuden, die Ihnen tagtäglich Momente des Glücks bereithalten. Jeder Mensch hat etwas, das ihm Spaß macht, Freude bereitet und für Glücksmomente sorgt.

Über welche einfachen Dinge können Sie sich freuen? Ein Schaumbad, eine heiße Dusche, warme Handtücher? Frische, saubere Bettwäsche? Ein Buch von einer geschätzten Autorin, Ihre Lieblingsmusik, ein großartiger Film? Vielleicht an einem kalten Morgen etwas anzuziehen, das Sie vorher über die Heizung gelegt haben? Vielleicht den Milchschaum Ihres Cappuccinos herunterzulöffeln?

Was halten Sie davon, morgens auszuschlafen? Von einem Kuss, einer herzlichen Umarmung oder Händchenhalten? Vielleicht sitzen Sie gerne vor dem Kaminfeuer oder in der Sonne oder mögen Spaziergänge im Regen. Möglicherweise gehören Gespräche mit Ihrem Hund oder Ihrer Katze zu Ihren kleinen Freuden.

Das Leben ist eine Sammlung von Momenten: Je mehr davon glücklicher Natur sind, desto öfter sind wir glücklich.

Der kanadische Autor Neil Pasricha kam auf nicht weniger als 1.000 kleine Freuden, die er auf seine Website www.1000AwesomeThings.com gestellt hat. Vielleicht ist bei der folgenden Auswahl etwas dabei, das Sie anspricht:

- Mit vielen Leuten gemeinsam laut singen
- Im Dunkeln den Weg nach Hause suchen und wohlbehalten dort ankommen
- Durch das Backofenfenster spähen
- Hunden oder Katzen dabei zusehen, wie sie ihren eigenen Schwanz jagen
- Kellner und Kellnerinnen, die das Speiseangebot genau kennen
- Der erste warme Tag im Frühling
- Gut ausgebildete Hunde
- Das Geräusch eines eingelochten Golfballs
- Autofahren im Rhythmus einer Musik
- Die unerwartete Verlängerung einer Frist
- Der Geruch nach klarer, reiner Luft
- Dinge in den Schuh stecken, um sie später nicht zu vergessen
- Gratisproben von Lebensmitteln, die man gar nicht kaufen will
- Die Stelle, an der die Bassgitarre einsetzt
- Eine Portion Lasagne so auf dem Teller anrichten, dass sie nicht auseinanderfällt
- „Wer zuerst wegguckt" mit einem Baby spielen
- Ein Getränk in der Mikrowelle aufwärmen und beim Herausnehmen feststellen, dass die Tasse mit dem Henkel nach vorne stehen geblieben ist
- Wenn du mit anderen zusammen im Restaurant isst und alle finden, dass du das beste Gericht ausgesucht hast
- Das Stück Kuchen mit der Kirsche drauf erhaschen
- Wenn jemand anruft, nur um Hallo zu sagen
- Wenn du beim Lesen eines Buches den Punkt erreichst, an dem du nicht mehr aufhören kannst
- Wenn ein Baby dir mit seinen Händchen im Gesicht herumpatscht
- Wurfspiele mit anderen Dingen als mit Bällen

- Nach dem Schwimmen in der Sonne trocknen
- Mit einem Freund bis zum Morgengrauen reden und sich tatsächlich verstanden fühlen
- Über Berge fliegen
- Wenn jemand wie sein Haustier aussieht
- Die Weihnachtsfolge der Lieblingsfernsehserie zur unpassendsten Jahreszeit anschauen

Täglich ein paar von Neil Pasrichas „tollen Sachen“ zu lesen ist an sich schon eine kleine Freude!

Glücksgewohnheit: Listen Sie alle Dinge auf, die Sie glücklich machen

Achten Sie sorgfältig darauf, was um Sie herum geschieht und Ihnen gefällt. Wenn Sie das einmal ganz bewusst wahrnehmen, werden Sie staunen, wie viele Dinge Sie zum Lächeln bringen und Ihre Laune bessern.

Gewöhnen Sie sich an, kleine Freuden zu finden und sie zu genießen: gewöhnliche und außergewöhnliche, bekannte und unbekannte, kleine und große Dinge; Dinge, die billig oder teuer, leicht oder schwer zu finden oder aufzutreiben sind.

> „Halten Sie Ausschau nach etwas, das Sie zum Lächeln bringt, und sorgen Sie dafür, dass Sie davon so viel wie möglich bekommen.“
>
> (Ilona Burton)

Glücksgewohnheit: Beginnen Sie den Tag mit einem Lächeln

Mein Freund Keith schaut jeden Morgen eine Folge der Comedyserie „Frasier“. Der beste Start in den Tag, findet er. Beginnen auch Sie Ihren Tag mit einem Podcast oder einer Folge Ihrer Lieblings-Comedyserie.

Kann man Glück kaufen?

Manche kleinen Freuden sind gratis, manche billig und manche teuer. Die große Frage ist: Bekommt man Glück für Geld? Es heißt ja immer, Geld allein mache nicht glücklich, doch die Betonung liegt auf „allein". Viele Studien zeigen, dass man Glück durchaus auch mit Geld kaufen kann.

Ein Vermögen braucht man allerdings nicht. Hauptsache, man weiß, *wofür* man sein Geld ausgibt, also für etwas, das einen wahrscheinlich glücklich macht.

2011 veröffentlichten Professor Elizabeth Dunn und Kollegen im Journal of Consumer Psychology einen Artikel über ihre Forschungsarbeit zu der Frage, ob Geld glücklich macht oder nicht. Die Überschrift des Artikels: *Wenn Geld Sie nicht glücklich macht, dann geben Sie es wohl nicht richtig aus.*

Ihren Beobachtungen zufolge bietet „Geld eine Chance (für Glück), die jedoch regelmäßig vertan wird, weil man es für Dinge ausgibt, die die Erwartung, Sie würden einen glücklich machen, nicht erfüllen". Ihre Haupterkenntnis: Das Geld lieber für Erlebnisse ausgeben statt für Gegenstände.

Kaufen Sie sich keine Gegenstände, sondern Erlebnisse

Die *Art* der Erlebnisse oder Aktivitäten spielt laut der Studie von Dunn und Kollegen gar keine Rolle. Es kann etwas so Einfaches und Preiswertes wie Puzzeln oder eine Busfahrt aufs Land oder ans Meer sein oder aber etwas so Kostspieliges wie eine Flugstunde oder ein Tag in einem Wellnesshotel. Die Hauptsache ist: Sie tun etwas, das Sie wirklich interessiert und Ihre Aufmerksamkeit gefangen hält, sodass Sie mit ganzem Herzen dabei sind.

Dieser Zustand wird „Flow" genannt. Wann haben Sie das schon einmal erlebt? Als Sie derart in Ihr Tun vertieft waren, dass Sie die Zeit vergaßen. Als Sie etwas taten, das Ihnen Freude bereitete, worauf Sie sich ganz und gar konzentrierten, etwas, in dem Sie richtig aufgegangen sind. Es hat sich angefühlt, als würden Sie, von der Strömung mitgenommen, immer weiter auf einem Fluss dahingleiten.

Es ist genau wie bei Aristoteles und dem eudaimonischen Glück: Wenn Sie sich mit etwas beschäftigen, das Ihnen das Gefühl gibt, im Fluss zu sein, dann tun Sie etwas, das Ihnen etwas bedeutet. Sie gehen entschlossen und zielstrebig vor. Und selbst wenn es auch eine gewisse Herausforderung darstellt – Sie haben Spaß, machen Fortschritte und bleiben interessiert dabei. Sie fühlen sich erfüllt und sind glücklich.

Glücksgewohnheit: Versetzen Sie sich in den Flow-Zustand

Überlegen Sie sich, was Sie schon tun, das Ihnen das Gefühl vermittelt, im Flow zu sein. Vielleicht erleben Sie das bei Ihrer Arbeit, bei bestimmten Aufgaben oder Tätigkeiten. Es könnte aber auch etwas sein, womit Sie Ihre Freizeit verbringen, bestimmte Hobbys oder Interessen. Tun Sie das, was Ihnen Freude bereitet öfter oder intensiver.

Aktivitäten, die nichts oder wenig kosten

Falls Sie ein paar Ideen brauchen, wie Sie in den Flow-Zustand kommen können: Hier folgen einige Anregungen für Aktivitäten, die sehr wenig oder sogar gar nichts kosten.

Zeichnen: Hierfür brauchen Sie nur Papier und Bleistift. Und wenn Sie nicht künstlerisch begabt sind, was dann? Die Illustratorin und Porträtmalerin Gilly Lovegrove (↗ http://www.gillylovegroveillustration.com) ist der Meinung, dass alle Menschen Talent haben: „Mit dem richtigen Unterricht / der richtigen Anleitung, einer positiven Einstellung, Zeit und Geduld kann jeder Mensch Zeichnen lernen."

Fotografieren: Man braucht keinen teuren Fotoapparat, auch mit Handykameras lassen sich ausgezeichnete Fotos schießen.

Sowohl fürs Zeichnen als auch fürs Fotografieren finden Sie Anleitungsvideos auf ↗ http://www.youtube.de.

Origami: Besorgen Sie sich als Erstes einen Packen Origamipapier. Alles Wissenswerte über Origami finden Sie beim Origami-Club: ↗ http://de.origami-club.com (oder bei Origami Deutschland, dem Verein zur Förderung des Papierfaltens: ↗ http://www.papierfalten.de.; Anm. d. Ü.). Empfehlenswert sind außerdem die Anleitungsvideos auf YouTube.

Sprachenlernen: Sie können sich für einen Kurs anmelden oder sich die Sprache kostenlos selbst aneignen. Auch hier werden Sie im Internet fündig, etwa bei Duolingo: ↗ http://de.duolingo.com. Nach dem Duolingo-Motto: „Kostenloser Sprachunterricht. Für immer."

Schreiben: Wenn Sie lesen können, können Sie auch schreiben. Versuchen Sie es mit Gedichten oder Kurzgeschichten. Oder schreiben Sie Geschichten für Kinder. Führen Sie Tagebuch, erzählen Sie Ihr Leben, starten Sie einen Blog.

Kochen: Da Sie ja essen müssen, geben Sie sowieso Geld dafür aus. Also könnten Sie bei dieser Gelegenheit gleich neue Rezepte ausprobieren. Im Internet finden Sie alle möglichen Anleitungen zum Kochen und Backen (z. B. unter ↗ http://www.chefkoch.de; Anm. d. Ü.).

Vögel beobachten: Auf der Website des Vogelschutzvereins „The Royal Society for the Protection of Birds" steht: „Um Freude an Vögeln zu haben, braucht man nicht viel – nur Augen oder Ohren. Doch es gibt einige Geräte, mit denen sich die Freude noch steigern bzw. leichter zugänglich machen lässt" (RSPB; ↗ http://www.rspb.org.uk). Tipps und Ratschläge für die richtige Ausrüstung finden Sie unter anderem auch bei Naturschutzvereinen (in Deutschland z. B. beim NABU: ↗ http://www.nabu.de; Anm. d. Ü.).

> „Zum ersten Mal ein Goldhähnchen zu erkennen oder dem Flug eines Habichts zu folgen, der über den Hügeln seine Kreise zieht, ist genauso spannend wie ein Rugby-Spiel England gegen Wales, nur anders. Die Liebe zur Vogelkunde wird mir für den Rest meines Lebens erhalten bleiben."
>
> (Fernseh- und Radiomoderator Matthew Stadlen)

Jonglieren und Zaubern: Besorgen Sie sich drei Halstücher oder Bälle. Zusammengerollte Socken tun es aber auch. Lernen Sie ein paar Zauberkunststücke. Schauen Sie sich die Anleitungen dazu auf YouTube an und üben Sie, bis Sie sie perfekt können!

Probieren Sie einige Dinge aus und schrauben Sie Ihre Erwartungen ganz zurück. Es geht nur darum herausfinden, wie es ist, sie zu tun. Hier noch weitere Vorschläge für Aktivitäten, die Sie in den Zustand des Flow versetzen und Ihnen Momente der Freude vermitteln:

Teamsportarten wie Fußball, Rugby, Hockey, Basketball oder Volleyball.
Sportarten wie Schwimmen, Judo, Tennis, Reiten, Klettern und Rudern. Wenn Ihnen das Spaß macht, sind Sie mit ganzem Herzen bei der Sache.
Singen und Tanzen: Werden Sie Mitglied in einem Chor oder machen Sie einen Tanzkurs oder singen und tanzen Sie einfach in der Küche zu Ihrer Lieblingsmusik.
Kreative Interessen: Dinge selber machen, reparieren oder herstellen; gärtnern, malen, schneidern, komponieren oder musizieren. Kreativ zu sein kann einen ganz und gar in Anspruch nehmen.
Spiele und Puzzle: Ob Karten- oder Computerspiele, Puzzle, Kreuzworträtsel oder Sudoku – alle Spiele erfordern Konzentration und konfrontieren mit Aufgaben, in die Sie sich völlig vertiefen können.
Bücher und Filme: Egal um welches Genre es sich handelt – einen spannenden Thriller, Science-Fiction oder eine pfiffige Komödie – die Handlung nimmt ihren Lauf und man kann alles um sich herum vergessen.

Dinge, die Ihnen Momente der Freude vermitteln und Sie glücklich machen, sollten Sie so oft wie möglich tun. Und nehmen Sie sich Zeit für Ihre persönlichen Interessen, Ihr Hobby oder Ihren Lieblingssport. Zeit zerrinnt leicht zwischen den Fingern, besonders wenn man gestresst ist oder zu viel Arbeit hat. Egal wie Ihre finanzielle Situation aussehen mag: Tun Sie das Notwendige, um Zeit für das zu haben, was Ihnen Freude bereitet und Sie fesselt.

Glücksgewohnheit: Planen Sie Dinge, auf die Sie sich freuen

Verabreden Sie sich mit Freunden für einen Tagesausflug oder eine Abendveranstaltung, fahren Sie übers Wochenende weg oder buchen Sie einen Urlaub oder eine Abenteuerreise, egal was, und tragen Sie den Termin in Ihren Kalender ein, auch wenn er erst in einigen Wochen oder Monaten stattfindet. Führen Sie sich Ihre Pläne zu Gemüte, wann immer Sie einen Schuss Glück brauchen.

Glücksgewohnheit: Tun Sie etwas, das Ihren Wertvorstellungen entspricht, etwas, das Ihnen wichtig ist

Wer einer Sportveranstaltung zuschaut oder selbst Sport treibt, kann dabei Werte wie Zugehörigkeit, Loyalität, Teamarbeit, aktive Mitwirkung oder Unterstützung erleben, oder auch Disziplin, Wettbewerb, Sieg, Erfolg, Spaß und Vergnügen.

Kulturelle Aktivitäten, bildende und darstellende Künste oder Musik – ob in der Aktiven- oder Publikumsrolle genossen – können Werte widerspiegeln wie Schönheit und Harmonie, Freude, Kreativität, Neugier und Lernbereitschaft.

Erlebnisse halten oft länger als Gegenstände

Wenn es darum geht, Geld fürs Glücklichsein auszugeben, könnte man denken, Gegenstände seien besser als Aktivitäten und Erlebnisse, weil sie länger halten. Sind ein tolles Paar neuer Schuhe zum Beispiel nicht eine bessere Glücksinvestition als etwa ein Tagesausflug? Denn ein Erlebnis, so könnte man argumentieren, ist doch meist nach einigen Stunden oder Tagen vorüber, während ein schönes neues Paar Schuhe viel länger hält.

Allerdings ist die erste Freude über den Kauf eines Gegenstandes – schicke Schuhe, ein toller Computer, ein cooles Smartphone, ein edles Sofa – bald verflogen. Irgendwann gewöhnt man sich daran und findet es nicht mehr spannend. So werden die schicken neuen Schuhe zu einem weiteren Paar Schuhe in Ihrem Schrank, Computer und Smartphone zu Alltagsdingen und Arbeitsgeräten. Und das edle Sofa wird bald schon wortwörtlich zum Inventar gehören – Sie nehmen es nicht mehr wahr, weil es halt immer da ist. Sie sind damit vertraut, weil Sie darauf sitzen und fernsehen. Natürlich sind Sofas, Telefone, Computer und Schuhe nützlich, doch nach einer Weile freut man sich nicht mehr darüber wie zu Anfang, als sie noch neu waren.

Von einem Erlebnis hingegen bleiben glückliche Erinnerungen, und zwar noch lange, nachdem die Anfangsbegeisterung über die Schuhe und das Sofa verblasst ist und das Telefon und der Computer nicht mehr funktionieren.

Freuen kann man sich selbstverständlich über beides, Gegenstände wie Erlebnisse. Doch sobald die damit verbundenen positiven Gefühle abgeklungen sind, wird ein Erlebnis – ein Picknick mit Freundinnen, eine Ballonfahrt, ein japanischer Kochkurs, ein Tag am Strand, ein Abendessen im Ritz, eine Jeep-Safari – eher innerlich wieder wachgerufen als der Kauf eines Gegenstandes. Und selbst enttäuschende oder sogar katastrophale Ausflüge sorgen hinterher für lustige Geschichten, die man immer wieder erzählen kann, wohingegen ein enttäuschender Fehlkauf ewig dasselbe bleibt: eben ein enttäuschender Fehlkauf.

Was kaufen Sie und was nicht?

Wenn aber Erlebnisse potenziell glücklicher machen als Gegenstände – heißt das, dass es nichts bringt, Geld – insbesondere viel Geld – für Gegenstände auszugeben, weil sie einen sowieso nicht glücklicher machen? Nein, auch der Kauf von Gegenständen kann glücklich machen. Sie müssen nur wissen, bei *welchen* das am wahrscheinlichsten ist. Und welche Dinge Sie besser *nicht* kaufen.

Was Sie am besten kaufen

Kaufen Sie in erster Linie Dinge, die Ihnen zu angenehmen Erlebnissen verhelfen. Wenn Sie ein Hobby haben – beispielsweise Sport treiben oder sich künstlerisch betätigen –, das Ihnen Freude bereitet und Sie glücklich macht, geben Sie Geld für Dinge aus, die diesem Hobby nützen: die Sportausrüstung, Künstlerbedarf und so weiter.

Geben Sie Ihr Geld außerdem für Dinge aus, die Ihnen das Leben erleichtern. Wenn Sie etwa von zu Hause aus arbeiten und lange Zeit am Schreibtisch sitzen, dann kaufen Sie sich den besten Schreibtischstuhl, den Sie sich leisten können – auch wenn es keine besonders aufregende Anschaffung ist. Wenn Sie mit einem guten Fahrrad besser zur Arbeit kommen, dann geben Sie Ihr Geld dafür aus. Falls Sie jedoch selten Fahrrad fahren, wäre der kaum benutzte Drahtesel eine etwas kostspielige Dekoration für Ihren Schuppen. Und das würde Sie nicht glücklich machen!

Denken Sie darüber nach, was Ihnen wichtig ist. Wo verbringen Sie immerhin ein Drittel Ihres Lebens? Im Bett. Guter Schlaf ist eine wichtige Voraussetzung für den Umgang mit den Höhen und Tiefen des nächsten Tages. Wie wäre es also, wenn Sie sich die beste Matratze kauften, die es gibt? Falls Ihr Schlafzimmer im Winter kalt ist, könnten Sie sich eine schöne warme Decke zulegen. Meine Freunde Bill und Ali haben sich vergangenen Winter eine angeschafft: „Jede Nacht sagen wir uns, wie schön, dass wir die gekauft haben." Und wenn Sie zum Beispiel besser einschlafen können, wenn Sie Musik oder Podcasts hören, sich aber an den Ohrstöpseln stören und sich im Kabel verfangen, dann wäre das Geld, das Sie für einen Lautsprecher ausgeben, den Sie unters Kopfkissen stecken, gut angelegt.

> „Erst wenn wir etwas gesehen und seinen Wert erkannt haben, können wir es auch wertschätzen."
>
> – Alex Ratcliffe

Wenn Sie viel bügeln, dann mag ein Dampfbügeleisen Ihnen zwar nicht die große Freude bescheren, aber doch das Leben erleichtern, weil sich Ihre Kleidung damit besser entknittern lässt. Falls Sie eine Behinderung haben, dann sorgen Gehhilfen und andere Produkte für mehr Unabhängigkeit. Sie erleichtern Ihr Alltagsleben – und machen Sie auf diese Weise ein wenig glücklicher.

Geben Sie Geld aus für Dienstleistungen, durch die Sie Dinge vermeiden können, die Sie nicht gern tun oder die Ihnen Mühe bereiten, etwa fürs Putzen oder Renovieren Ihrer Wohnung oder für die Pflege Ihres Gartens. Geben Sie Geld aus, um etwas zu erleben, an dem Sie Freude haben – und bezahlen Sie andere für die Dinge, an denen Sie keine Freude haben.

Glücksgewohnheit: Unterstützen Sie Firmen, die Ihre Wertvorstellungen teilen

Falls Ihnen beispielsweise Ihr Stadtteil am Herzen liegt, können Sie dort einkaufen gehen, etwa bei unabhängigen Einzelhändlern.

Glücksgewohnheit: Würdigen Sie die Dinge, die Sie bereits besitzen

Weiter oben in diesem Kapitel haben Sie gelesen, dass das erste Hochgefühl nach einem Kauf – zum Beispiel von schicken Schuhen, einem tollen Computer, einem coolen Smartphone, einem edlen Sofa – mit der Zeit nachlässt. Weil Sie sich daran gewöhnt haben. Das Gekaufte zu tragen oder zu verwenden ist nicht mehr aufregend. Aber das muss nicht so sein. Würdigen Sie die Dinge, die Sie bereits besitzen. Nehmen Sie sie bewusst wahr und machen Sie sich klar, welche Vorteile Sie davon haben, damit die Freude darüber nicht verblasst.

Was Sie besser nicht kaufen

Ein Freund, der früher einmal ein Boot hatte, erzählte mir diesen Witz: „An welchen beiden Tagen sind Bootsbesitzer am glücklichsten? An dem Tag, an dem sie das Boot gekauft haben und an dem Tag, an dem sie es verkaufen.“ Jeder weiß, dass Boote eine Stange Geld kosten. Aber auch ihr Unterhalt ist teuer. „Bevor du dir etwas kaufst, das einen Motor hat und auf Wasser schwimmt“, sagte er, „musst du dir nicht nur den Kaufpreis vor Augen halten, sondern auch die zusätzlichen Kosten für die Versicherung, den Transport, den Treibstoff und die Instandhaltung, dazu die Gebühren für den Liegeplatz und die Überwinterung. Und all das für etwas, das du nur einige wenige Monate im Jahr nutzt.“

Nicht viele Menschen können sich ein Boot leisten, doch das Prinzip gilt auch für andere Dinge: Denken Sie vor einem Kauf immer darüber nach, welche Verpflichtungen auf Sie zukommen und Ihr Traumobjekt in eine drückende Last verwandeln könnten. Wir stellen uns vor, wie glücklich wir wären, wenn wir nur dies oder jenes hätten – ein Boot, ein Auto, eine Zweitwohnung – und blenden die damit verbundenen Extrakosten und Scherereien nur allzu oft aus. Das passiert selbst reichen Promis. So verkaufte George Clooney seinen Tesla Roadster schon nach kurzer Zeit wieder, weil ihm sein „Spielzeug“ nicht zuverlässig genug war und er damit immer wieder auf der „Scheiß-Straße“ liegen blieb.

Glücksgewohnheit: Mieten macht glücklich

„Lernen Sie, sich an Dingen zu erfreuen, ohne sie zu besitzen. Haben ist nichts, Zugang haben ist alles.“

(Joshua Becker)

Statt viel Geld für den Kauf eines teuren Bootes zu berappen, könnten Sie sich mehrmals im Jahr eines mieten und würden auf diese Weise die Extrakosten und die Scherereien einsparen, ohne aber auf den Spaß und die Freude zu verzichten. Dasselbe können Sie mit einem Auto machen. Sollten Sie einmal Lust auf einen teuren Schlitten haben, mieten Sie einen übers Wochenende. Extravagant? Ja, schon. Kostet Sie aber weniger als ein eigener Neuwagen. Und trotzdem bekommen Sie Zugang zu einem einmaligen Erlebnis, dessen Erinnerung nicht so schnell verblasst, weil Sie nicht nur um die mit einem Kauf verbundenen Kosten und Scherereien herumkommen, sondern außerdem auch um den Gewöhnungseffekt. Denn jeder Ausflug damit ist reines Vergnügen und sorgt für schöne Glücksmomente!

Doch nicht nur teure Luxusgüter kann man mieten. In der Stadtbibliothek z. B. können Sie alles Mögliche ausleihen: Sachbücher, Romane, Erzählungen oder Geschichten für Erwachsene und Kinder, Hörbücher, E-Books – alle in verschiedenen Sprachen –, Musiknoten und -CDs, Videos, DVDs, Sprachkurse und vieles mehr. Und wenn Sie diesen Service nutzen, nützt das auch Ihrer Bibliothek.

Ähnlich sieht es mit einer Patenschaft aus, beispielsweise für einen Hund. Vielleicht mögen Sie ja Hunde, können oder wollen aber nicht 24 Stunden am Tag bzw. 7 Tage in der Woche Zeit für Ihren eigenen aufbringen. Im Internet finden Sie Plattformen (z. B. www.dogsharing.de; Anm. d. Ü.), auf denen Hundebesitzer und Hundeliebhaber zusammenkommen, um sich gemeinsam um die Tiere zu kümmern.

Kaufen Sie lieber viele kleine Freuden als wenige große

In Bezug auf die Abnutzungserscheinung der ersten Begeisterung über gekaufte Gegenstände raten Dunn und Kollegen in dem oben erwähnten Artikel außerdem dazu, „sich lieber häufig mit vielen verschiedenen kleinen Freuden zu verwöhnen".

Also grünes Licht für den unbeschränkten Kauf vieler billiger Dinge? Das wäre jedoch problematisch, denn der aktuelle Trend geht ja eigentlich eher dahin, weniger Zeug anzusammeln. Was soll man also tun? Die Antwort lautet: nicht gar nichts mehr kaufen, sondern bewusst und wohl überlegt entscheiden, was man kauft.

Glücksgewohnheit: Kaufen Sie nicht wahllos irgendwelches Zeug, nur weil es so billig ist, sondern brauchbare Dinge von guter Qualität

Ein Gelegenheitskauf ist eine Freude, mit der man sich verwöhnen kann (ich zum Beispiel mag teure Handcremes und jedes Mal, wenn ich sie benutze, ist das eine kleine Freude für mich), doch die meisten von uns sollten sich eher beim Einkaufen zügeln, um nicht zu viel anzuhäufen. Was soll man also tun? Die Antwort lautet: Immer dann, wenn Sie die Versuchung überkommt, irgendetwas Billiges zu kaufen – etwas, das Sie eigentlich gar nicht brauchen –, lassen Sie sie vorüberrauschen. Stellen sie sich Ihre Kauflust als Meereswelle vor. Sie rollt an, wird stärker und höher, doch im nächsten Moment wird sie sich überschlagen und nicht mehr da sein. Stellen Sie sich vor, wie Sie auf der Welle reiten. Weder kämpfen Sie gegen sie an noch lassen Sie sich von ihr überrollen oder mitziehen. Machen Sie sich bewusst: Gelüste sind nicht von Dauer, sie kommen und gehen. Genau wie Wellen.

Geben Sie Geld für andere Menschen aus

Dinge können also doch glücklich machen. Die Wahrscheinlichkeit dafür steigt, je stärker sie unsere Interessen fördern und unseren Alltag erleichtern. Und wenn wir es uns zum Prinzip machen, das, was wir besitzen, bewusst zu würdigen.

Im Zuge ihrer Studie, inwieweit Geld glücklich macht oder nicht, kamen Dunn und Kollegen nicht nur zu dem Schluss, dass es viel glücklicher macht, wenn man Geld für Erlebnisse ausgibt, sondern auch, wenn man es für andere Menschen ausgibt. So heißt es dort: „In Anbetracht unserer tief verwurzelten sozialen Neigung wundert es nicht, welch ein starker Glücksfaktor die Qualität unserer zwischenmenschlichen Beziehungen ist. Aus diesem Grund macht uns beinahe alles zufriedener und glücklicher, was wir zur Verbesserung unserer Kontakte tun – auch Geld dafür auszugeben."

Geld für andere Menschen auszugeben bedeutet nicht, dass man es ihnen einfach in die Hand drückt oder ihnen wahllos irgendwelchen Krimskrams, Nippes, Schnickschnack oder sonstige dekorative, aber nutzlose Gerätschaften kauft. Das sind zwar nette Geschenke, doch wie die Forschung zeigt, macht es am glücklichsten, wenn man etwas kauft, das anderen hilft – das ihr Leben ein Stück weit zum Positiven verändert.

Das können Dinge sein, die beispielsweise den Alltag erleichtern oder einem Interesse oder Hobby nützen: Unterricht, Bücher, Gutscheine, um etwas Neues zu lernen; von Fahr- oder Flugstunden bis Kunst-, Musik- oder Tanzunterricht; ein Bus- oder Zugticket, eine Autowäsche oder die Dienstleistung einer Reinigungskraft oder einer Gärtnerin.

Positive Beziehungen

„Freundschaften kommen und gehen, daran besteht kein Zweifel, doch an den wenigen kostbaren halte fest. Bemühe dich eifrig, geografische Entfernungen und Unterschiede im Lebensstil zu überbrücken, denn je älter du wirst, desto mehr brauchst du die Menschen aus deiner Jugend."

(Mary Schmich)

Ein weiterer Aspekt ist verantwortlich dafür, dass Erlebnisse uns potenziell glücklicher machen als Gegenstände: Wir können Erlebnisse mit anderen Menschen teilen, und diese gemeinsam verbrachte Zeit – mit Freunden und anderen Menschen, die wir mögen und in deren Gesellschaft wir uns wohlfühlen – kann eine Quelle des Glücks sein. Und wie Martin Seligman in seinem Buch „Flourish" schreibt, brauchen wir zu unserem Glück nicht nur kurzlebige Freude, Ziele sowie das Wissen, dass unser Leben einen Sinn hat – wir brauchen auch die Interaktion mit anderen, das Gefühl der Zugehörigkeit und Verbindung. Mit anderen Worten: Wir brauchen positive Beziehungen.

Wer sind die positiven Menschen in Ihrem Leben? Mit wem verbringen Sie gerne Ihre Zeit? Wer bringt Sie zum Lachen? Mit wem haben Sie Spaß, mit wem fühlen Sie sich lebendig? Wer hat die gleichen Interessen wie Sie? Wer unterstützt Sie und gibt Ihnen Mut?

Positiv sind nicht unbedingt nur Freunde oder Familienangehörige, sondern auch Kolleginnen oder Nachbarinnen. Positiv sind alle jene, mit denen Sie über Ihre Sorgen sprechen oder die Sie in einer Krise anrufen könnten – etwa auch Ihr Hausarzt, eine Sozialarbeiterin oder Therapeutin. Vielleicht bekommen Sie Anerkennung von Menschen, denen Sie ehrenamtlich helfen. Allerdings kommt auf jeden positiven Menschen häufig auch ein negativer. Manche sind eher „Energiespender", andere eher „Energievampire": Energiespender verbreiten Wärme und Optimismus, während Energievampire Kraft und Ressourcen verbrauchen. Letztere laugen Sie aus und wirken demotivierend.

Nun können Sie die negativen Menschen nicht immer oder nicht so einfach aus Ihrem Leben entfernen. Sie können aber durchaus weniger

Zeit mit Energievampiren und mehr Zeit mit Energiespendern, d.h. mit den positiven Menschen auf Ihrer Liste, verbringen.

Das soll nun keinesfalls heißen, dass Sie bei allen auf Abstand gehen, denen es gerade nicht so gut geht, die Ihre Hilfe und Unterstützung brauchen (mehr dazu in Kapitel 6). Doch gerade dann, wenn Sie sich um andere kümmern, brauchen Sie *unbedingt* auch Energiespender, die Ihnen den Rücken stärken, damit Sie eben das auch für andere tun können, die es gerade schwer haben.

Schon die Gegenwart von Energiespendern ist wohltuend – ihr Optimismus ist einfach ansteckend, das ist sogar wissenschaftlich belegt. So veröffentlichten James Fowler, Professor an der University of California, San Diego, und Nicholas Christakis, Professor an der Harvard University, 2008 die Ergebnisse einer Untersuchung, die über 20 Jahre lang an der Bevölkerung einer Kleinstadt durchgeführt wurde, um herauszufinden, inwieweit Glück ansteckend ist. Es zeigte sich: Manche Menschen waren glücklich, andere nicht. Wer von glücklichen Menschen umgeben war, hatte eine höhere Wahrscheinlichkeit, später einmal glücklich zu werden. Das lag anscheinend nicht allein daran, dass glückliche Menschen tendenziell eher mit anderen glücklichen Menschen interagieren, sondern auch daran, dass die Wahrscheinlichkeit, selbst glücklich zu werden, in Gegenwart glücklicher Menschen steigt.

Testen Sie selbst, inwieweit Glück ansteckend ist: Schauen Sie sich auf YouTube lustige Videos an wie zum Beispiel „Man Gobbles at Turkeys Turkeys Gobble Back", „Laughing Man" oder „Contagious Subway Laughter". Und schauen Sie, wie schnell Sie mitlachen.

Glücksgewohnheit: Verbringen Sie Zeit mit positiven Menschen

Verbringen Sie, soweit es Ihnen möglich ist, weniger Zeit mit negativen, auslaugenden Menschen und mehr mit positiven, energiespendenden Menschen. Verbringen Sie möglichst viel Zeit mit Freunden und Familienangehörigen, deren Gesellschaft Ihnen guttut, und unternehmen Sie etwas mit ihnen.

Alles, was Sie zur Stärkung Ihrer zwischenmenschlichen Beziehungen tun, wird Sie glücklicher und zufriedener machen. Nehmen Sie Kontakt zu anderen auf, zeigen Sie Freunden, Familienangehörigen und Kolleginnen, dass sie Ihnen wichtig sind, dass Sie sich für sie interessieren und Anteil nehmen an ihrem Leben. Laden Sie andere zu gemeinsamen Aktivitäten und Unternehmungen ein. Denken Sie daran: Dem eigenen Leben einen Sinn zu geben braucht Zeit, genauso aber auch ein lebendiger Kontakt zu anderen Menschen – die Pflege guter Beziehungen.

Glücksgewohnheit: Leute kennenlernen und neue Freunde finden

Falls Sie mehr positive Beziehungen in Ihrem Leben brauchen, beginnen Sie damit, neue Leute kennenzulernen. Treffen Sie sich mit Menschen, die die gleichen Interessen haben wie Sie. Neue Freundschaften zu schließen ist natürlich nicht immer leicht. Es braucht einiges an Überwindung. Sie müssen bereit für Begegnungen sein, gleichzeitig Sie selbst bleiben und etwas von sich geben. Warten Sie jedoch lieber nicht darauf, bis andere Menschen auf Sie zukommen, sondern werden Sie von sich aus aktiv. Kommen Sie aus Ihrem Schneckenhaus heraus! Ein Tipp: Die Website www.meetup.com vernetzt Menschen am selben Ort mit gleichen Interessen und Hobbys. Hier finden Sie alle möglichen Gruppen, beispielsweise zu Themen wie Bücher, Kunst, Film, Science-Fiction, Gärtnern, Radfahren, vielleicht auch zu etwas, woran Sie noch nie zuvor gedacht haben.

Wer zu solchen „Meetups" geht, weiß, dass alle anderen dort ebenfalls auf der Suche nach neuen Freundschaften sind. Wenn Sie Leute kennenlernen möchten, die sich genau wie Sie für Brettspiele, Nordic Walking oder Craft Beer begeistern, dann können Sie relativ leicht mit ihnen in Kontakt kommen. Und wenn Sie etwas tun, das Spaß macht und Ihnen etwas bedeutet, dann werden Sie auch von selbst kontaktfreudiger.

Ehrenamtliche Arbeit

Eine weitere Möglichkeit, mit anderen Menschen zusammenzukommen und in den Genuss positiver Beziehungen zu kommen, besteht im ehrenamtlichen Engagement für eine politische Sache oder eine Nachbarschaftsinitiative. Etwas zu tun, wovon andere profitieren, tut beiden Seiten gut. Studien zeigen: Wenn man anderen hilft, entwickelt man Gefühle und Haltungen, die sich positiv auf die physische und psychische Gesundheit auswirken und die allgemeine Zufriedenheit verstärken.

Ehrenamtlich betätigen kann man sich beinahe überall: in der Alphabetisierung Erwachsener, in der Straffälligenhilfe, im Natur- und Tierschutz oder bei den Besuchsdiensten für sozial isolierte Menschen. Egal, wofür Sie sich engagieren – es gibt unendlich viele Möglichkeiten, wie Sie sich in Ihrem sozialen Umfeld einbringen können.

Darüber hinaus kann man bei einer ehrenamtlichen Tätigkeit auch andere – ehrenamtlich tätige – Menschen – treffen und kennenlernen. Vernetzen Sie sich mit Menschen, die wie Sie einen Beitrag zur Verbesserung der Situation anderer leisten wollen. Ihre gemeinsame Sache ist eine weitere Gelegenheit, sein Leben sinnvoll und zielgerichtet zu gestalten.

Glücksgewohnheit: Würdigen Sie drei Dinge

„Ich glaube, wenn wir öfter innehalten würden, um uns das Glück zu vergegenwärtigen, das wir haben, und die Dinge, die wir häufig für so selbstverständlich halten, dass wir sie nicht mehr zu schätzen wissen, dann wären wir glücklicher. Lassen Sie uns das einmal ausprobieren."

(Ilona Burton)

Schreiben Sie jeden Abend drei gute Dinge auf, die an diesem Tag passiert sind. Versuchen Sie wirklich zwei Wochen lang, sich an alles Gute zu erinnern – an die kleinen Freuden. Nach einer Weile wird Ihnen dies zur Gewohnheit werden. Zur Glücksgewohnheit.

Vielleicht hatten Sie heute einen klasse Tag. Genau zur richtigen Zeit ist im Radio Ihre Lieblingsmusik gelaufen. Und dann haben Sie eine schöne reife Avocado gegessen. Auch das Wetter war ideal für Sie (die meisten fühlen sich bei 20–25 °C am wohlsten). Und schließlich ist eine lang ersehnte Lieferung eingetroffen oder Sie haben es geschafft, etwas zu reparieren: eine Schranktür oder eine Halskette. Oder Ihnen ist das Telefon aus der Hand gerutscht, Sie haben gedacht, nun sei das Display kaputt, aber dann ist alles in Ordnung gewesen. Oder Sie sind zu spät zu einer Verabredung gekommen, aber die andere Person kam sogar noch später. Und vielleicht hat eine Freundin Ihnen eine lustige Nachricht geschickt oder Ihr Hund hat etwas getan, das Sie zum Lachen gebracht hat.

Denken Sie, bevor Sie ins Bett gehen, beispielsweise beim Zähneputzen, darüber nach, welches Ihre drei guten Dinge sind, und schreiben Sie sie auf. Tun Sie das immer, unabhängig davon, was gewesen ist. Selbst an schlechten Tagen werden Sie bestimmt etwas finden. Machen Sie sich bewusst, dass Sie etwas Gutes erlebt haben, damit Sie trotz all der anderen Dinge wissen, dass da etwas Lohnenswertes gewesen ist. Dann werden Sie zufrieden einschlafen.

Stimmt, Sie haben den Zug verpasst, doch dann haben Sie, während Sie auf den nächsten warteten, eine richtig gute Tasse Kaffee genossen oder jemanden getroffen, den Sie seit Ewigkeiten nicht gesehen haben. Oder es hat draußen geregnet, aber Sie konnten im Trockenen und Warmen sitzen und vielleicht war die Bahnhofshalle sogar ganz angenehm. Ja, Sie haben eine Ablehnung einkassiert, aber wenigstens hat man Ihnen überhaupt geantwortet und sogar hilfreiches Feedback gegeben. Und Gott sei Dank hatten Sie auf dem Nachhauseweg einen Schirm bei sich, sodass Sie der Regenschauer nicht völlig durchnässt hat.

„Freu dich an den kleinen Dingen, denn eines Tages schaust du vielleicht zurück und stellst fest, es waren große.“

(Robert Brault)

KURZ UND BÜNDIG

- Unabhängig von Ihren Umständen und Möglichkeiten ist das Leben gespickt mit kleinen Freuden, die Ihnen tägliche Glückmomente bescheren können, wenn Sie sie bewusst wahrnehmen. Je mehr Sie davon haben, desto öfter können Sie glücklich sein.
- Ob Sie viel oder wenig Geld haben – Sie sollten wissen, *was* Sie sich damit kaufen, nämlich etwas, das Sie mit größter Wahrscheinlichkeit zufriedenstellt.
- Erhoffen Sie sich nicht, dass Sie durch den Kauf von Gegenständen glücklich werden. Geben Sie Ihr Geld lieber für Aktivitäten und Erlebnisse aus.
- Die Hauptsache ist, dass Sie bei dem, was Sie tun, mit ganzem Herzen dabei sind; dass Sie sich wirklich dafür interessieren und darin vertiefen und dass Sie das Gefühl von „Im-Flow-Sein" haben.
- Glauben Sie nicht, dass der Kauf von Gegenständen glücklicher macht, weil sie länger da sind als Aktivitäten und Erlebnisse. Nach einer Weile wird sich die erste Begeisterung nämlich legen, und dann finden Sie die Anschaffung nicht mehr so toll wie am Anfang, weil Sie sich halt daran gewöhnt haben.
- Sowohl Erlebnisse als auch Gegenstände lösen positive Gefühle aus, auf die man sich freuen kann. Doch von Erlebnissen hat man länger etwas, weil man sie innerlich immer wieder wachrufen kann. Erlebnisse halten sich in Form von Erinnerungen, während die gekauften Gegenstände – die Schuhe, das Sofa, das Telefon und der Computer – schon längst abgenutzt oder kaputt sind.
- Selbst enttäuschende Erlebnisse, ja sogar der Ausflug, der sich als richtiger Reinfall entpuppte, bieten Stoff für lustige Geschichten, die man immer wieder neu erzählen kann. Die Enttäuschung im Zusammenhang mit der Anschaffung eines Gegenstands ist hingegen nichts weiter als eben das: eine Enttäuschung.
- Zwar machen Erlebnisse potenziell glücklicher als Gegenstände, dennoch können Letztere durchaus auch glücklich machen. Es kommt ganz darauf an, *was* Sie sich kaufen, und dass Sie wissen, was Sie am ehesten glücklich macht. Und dass Sie wissen, was Sie besser nicht kaufen.
- Kaufen Sie Dinge, die für angenehme Erfahrungen sorgen. Haben Sie ein Hobby oder ein Interesse, das Ihnen Freude bereitet und Sie glücklich macht – betätigen Sie sich z. B. gerne sportlich oder künstlerisch –, dann geben Sie Ihr Geld für Dinge aus, die diesem Hobby oder Interesse nützen, die Sportausrüstung, Malutensilien und so weiter.

- Geben Sie Ihr Geld für Dinge aus, die Ihr Leben erleichtern, damit Sie etwas, das Sie selbst nicht gern tun oder das Ihnen schwerfällt, nicht zu tun brauchen. Investieren Sie Zeit und Geld in Dinge, die Ihnen Spaß machen, und bezahlen Sie andere für Dinge, die Ihnen keinen Spaß machen.
- Überlegen Sie sich sorgfältig, was Sie kaufen, und treffen Sie bewusste Entscheidungen. Halten Sie sich den Wert der gekauften Dinge gezielt vor Augen und rufen Sie sich regelmäßig ins Gedächtnis, warum Sie sie mögen, und insbesondere auch, auf welche Weise sie Ihnen nützen oder Freude bereiten.
- Achten Sie darauf, ob mit Ihrem Traumkauf womöglich auch belastende Verpflichtungen auf Sie zukommen. Denn nur allzu oft malen wir uns aus, wie glücklich wir über eine Anschaffung sein werden, übersehen dabei aber die Extrakosten und die Scherereien, die wir uns damit aufbürden.
- Fast alles, das wir zur Verbesserung unserer zwischenmenschlichen Kontakte tun, steigert tendenziell auch die Lebenszufriedenheit. Laut Forschung machen uns Ausgaben, die wir zum Wohl anderer Menschen tätigen, selbst potenziell glücklicher.
- Geben Sie Geld so aus, dass es anderen Menschen hilft und sich positiv auf sie auswirkt. Kaufen Sie ihnen zum Beispiel alltagserleichternde Geräte oder Dienstleistungen oder fördern Sie ihre Interessen und Hobbys.
- Dass Erlebnisse glücklicher machen als Gegenstände, liegt auch daran, dass man sie wahrscheinlich mit anderen Menschen teilt. Gemeinsam verbrachte Zeit mit Freunden oder Menschen, die einem sympathisch sind und in deren Gegenwart man sich wohlfühlt, kann eine Quelle für Glück sein.
- Knüpfen Sie Kontakt zu anderen Menschen. Investieren Sie Zeit und Mühe, um Ihren Freunden, Angehörigen und Kollegen zu zeigen, dass Sie sich für sie interessieren, dass Sie sie mögen und dass Ihnen an ihrem Wohl gelegen ist. Laden Sie andere zu gemeinsamen Unternehmungen ein.
- Soziale Kontakte ergeben sich auch über ein ehrenamtliches Engagement, etwa für eine für Sie interessante gemeinnützige oder politische Sache. Ein Ehrenamt trägt auch dazu bei, dem eigenen Leben einen Sinn zu geben. Sich für das Wohl anderer einzusetzen hat also positive Folgen für beide Seiten und ist außerdem eine gute Gelegenheit, um neue Leute kennenzulernen – andere Ehrenamtliche – und Freundschaften zu schließen.

Glücksgewohnheiten

- Erstellen Sie eine Liste mit den Dingen, die Ihnen Freude bereiten. Finden Sie kleine Freuden und genießen Sie sie.
- Beginnen Sie den Tag mit einem Lächeln.
- Sorgen Sie für „Flow"-Erlebnisse. Tun Sie das, was Ihnen gefällt, länger und öfter.
- Planen Sie Dinge, auf die Sie sich freuen können, auch über Wochen oder Monate im Voraus.
- Tun Sie Dinge im Einklang mit Ihren Werten, Dinge, die Ihnen wichtig sind. Unterstützen Sie Geschäfte und Unternehmen mit ähnlichen Wertvorstellungen.
- Kaufen Sie lieber Qualitätsprodukte, die Sie wirklich brauchen, und nicht allen möglichen billigen Kram.
- Wertschätzen Sie, was Sie bereits besitzen. Achten Sie auf die Vorteile, die Sie davon haben, und nehmen Sie Ihre Freude darüber ganz bewusst wahr, damit sie nicht verblasst.
- Statt Dinge zu kaufen, die Sie glücklich machen, können Sie sie auch mieten oder ausleihen. Auf diese Weise sparen Sie Geld und Mühe und kommen trotzdem voll auf Ihre Kosten.
- Verbringen Sie weniger Zeit mit negativen Menschen („Energievampiren") und mehr mit positiven Menschen („Energiespendern").
- Falls Sie mehr positive Beziehungen haben möchten, versuchen Sie, neue Leute kennenzulernen.
- Schreiben Sie an jedem Abend drei gute Dinge auf, die am Tag geschehen sind, auch an schlechten Tagen.

5. Wie man Glück auch in schwierigen Zeiten finden kann

„Natürlich gibt es auch Zeiten, wo es unmöglich, ja geradezu absurd erscheint, glücklich zu sein. Ein paar düstere Wochen während oder nach einem belastenden Ereignis mögen ja noch angehen, doch wenn diese Situation sich verschlimmert und andauert, dann kann man sich kaum noch vorstellen, glücklich zu sein.“

(Ilona Burton)

Glücklich zu sein – dem Leben einen Sinn und ein Ziel zu geben, kleine Freuden zu entdecken, sich mit anderen Menschen zu verstehen – bedarf also in jedem Fall einiges an Mühe und Überlegung. Was aber ist, wenn man in eine so unglückliche und hoffnungslose Lage geraten ist, dass man das Gefühl hat, weder vor noch zurück zu können? Dann wird Glück zu einer echten Herausforderung. Sollten Sie sich in einem der folgenden Beispiele wiedererkennen, dann werden Sie von den Ratschlägen dieses Kapitels profitieren.

Gefangen in einem Job, den man nicht mag

Viele Menschen haben eine Arbeit, die sie unglücklich macht, etwa weil sie belanglos und öde ist. Vielleicht sind auch Sie gelangweilt und fühlen sich unterfordert beziehungsweise umgekehrt: Sie sind von Ihrem Job gestresst und überarbeitet oder fühlen sich nicht wertgeschätzt. Oder Sie hassen Ihre Chefin und können Ihre Kolleginnen, Klienten oder Kunden nicht ausstehen. Am liebsten würden Sie kündigen, doch aus irgendeinem Grund geht das gerade nicht. Was also tun?

Denken Sie positiv

Als Erstes müssen Sie wissen: So schlecht es gerade auch stehen mag – Sie können dazu beitragen, dass es immer noch schlimmer wird. Hüten Sie sich vor selektiver Wahrnehmung, etwa wenn Sie nach Bestätigungen für ein bereits getroffenes Urteil suchen: dass Sie nämlich einen Scheißjob haben. So voreingenommen, wie Sie dann sind, messen Sie negativen Aspekten zu viel, und positiven zu wenig Bedeutung bei. Wenn Ihr Chef beispielweise eine Teamsitzung nicht gut im Griff hat – und diese sich immer weiter in die Länge zieht, ohne dass Nägel mit Köpfen gemacht werden –, dann erinnern Sie sich nicht nur an andere Male, wo er sich als inkompetent erwiesen hat, sondern halten sogar Ausschau nach weiteren Dingen, die „falsch" sind: Sie suchen nach Bestätigungen für seine Inkompetenz.

Je stärker Sie Ihren Job oder bestimmte Seiten daran hassen, umso häufiger werden Sie dies bestätigt sehen. „Da hast du's. Jetzt darf ich auch noch sämtliche Namensschildchen für die Tagung basteln. Wie bescheuert. Dabei hätte ich gerade viel Wichtigeres zu tun." Und schon wird die Suche nach Beweisen, dass Sie recht haben, zu Ihrem Alltagssport.

Worum sich Ihr Problem auch drehen mag: Indem Sie so intensiv darauf herumreiten, haben Sie die Entscheidung getroffen, sich selbst unglücklich zu machen.

Tatsächlich schränkt negativ gefärbtes Denken die Verhaltens- und Handlungsmöglichkeiten ein. Wenn Sie nicht sofort kündigen können, hören Sie besser auf damit und befassen sich stattdessen mit den guten Seiten Ihres Jobs. Haben Sie vielleicht einen kurzen Weg zur Arbeit? Oder müssen Sie pendeln, können aber unterwegs Radio oder Podcasts hören, Zeitung lesen oder Videos schauen? Und mag Ihr Chef auch ein Scheusal sein – Sie haben tolle Kolleginnen!

Wenn Sie wirklich nicht aus Ihrer derzeitigen Situation herauskommen, suchen Sie nach Möglichkeiten, wie Sie das Beste daraus machen können. Und hier gibt es nicht nur den Blick auf positive Aspekte, sondern auch auf das, was Sie selbst bestimmen können. Schauen Sie, was

Sie vielleicht doch verändern können, und schimpfen Sie nicht über das, worauf Sie keinen Einfluss haben. Denn dadurch machen Sie es sich selbst nur noch schwerer.

Nehmen Sie sich das sogenannte Gelassenheitsgebet zu Herzen: „Gott gebe mir die Gelassenheit, Dinge hinzunehmen, die ich nicht ändern kann, den Mut, Dinge zu ändern, die ich ändern kann, und die Weisheit, das eine vom anderen zu unterscheiden."

Verhandeln Sie Ihre Arbeitszeiten

Wäre es möglich, dass Sie einen Tag in der Woche von zu Hause aus arbeiten? Oder können Sie Ihre Stundenzahl reduzieren? Falls Sie sich vorstellen können, mit weniger Geld auszukommen, ist Letzteres ein guter Kompromiss, weil Sie weniger Zeit mit einer Tätigkeit verbringen, die Sie nicht zufriedenstellt, und dafür mehr Zeit und Raum für private Interessen haben. Ihr Leben wird nicht mehr so stark von Ihrem Job dominiert und Sie fühlen sich weniger eingeschränkt. Außerdem können Sie in der neu gewonnenen Zeit nach anderen Jobs Ausschau halten und beispielsweise zu Vorstellungsgesprächen gehen.

Tun Sie etwas dafür, dass Ihre Arbeit Ihnen guttut: Gestalten Sie sie sinnvoll

Egal, ob Sie Ihre leidige Arbeit hin und wieder von zu Hause erledigen beziehungsweise weniger arbeiten können oder nicht – nehmen Sie Ihre berufliche und persönliche Weiterentwicklung selbst in die Hand.

Stellen Sie sich eine herausfordernde Aufgabe. Wählen Sie einen Aspekt Ihrer Arbeit, der besonders lästig, schwierig, langweilig, nervig etc. ist. Und dann tun Sie etwas, damit er weniger schwierig, langweilig oder nervig ist. Mal angenommen, Sie haben häufig mit Beschwerden zu tun. Dann ist das jetzt Ihre Herausforderung. Machen Sie es sich zur Aufgabe, richtig gut darin zu werden, mit Beschwerden umzugehen und Lösungen zu finden.

Vielleicht fehlt Ihnen auch etwas an Ihrer Arbeit, etwas, das mit Ihren Wertvorstellungen zu tun hat. Wünschen Sie sich etwa eine soziale Seite? Dann könnte Ihnen das Beispiel von Sean helfen:

„Ich habe mich mit örtlichen gemeinnützigen Vereinen und Gruppen in Verbindung gesetzt, um über eine mögliche Zusammenarbeit zwischen ihnen und unserer Firma zu sprechen, damit wir unsere Dienstleistung auch einem Klientel zur Verfügung stellen, das sich sehr von unseren Hauptkunden unterscheidet. Dadurch hatte ich nicht nur mehr Spaß an meinem Job, sondern konnte dort auch Erfahrung sammeln für die Art von Arbeit, die ich mir künftig wünschte."

Eine Möglichkeit besteht darin, Veränderungen und Verbesserungen zu initiieren: für ein angenehmeres Arbeitsumfeld, effizientere Methoden und Abläufe oder flexiblere Regeln. Auch wenn es zunächst nicht plausibel erscheint, dass man, unzufrieden und unglücklich wie man ist, sich motiviert fühlen soll, die Initiative zu ergreifen – es ist eine sinnstiftende und zielgerichtete Maßnahme, bei der man sich gleichzeitig nützliche Fähigkeiten für den nächsten Job aneignen kann.

Auch wenn ein Arbeitsplatzwechsel zurzeit nicht möglich ist, heißt das ja noch lange nicht, dass Sie nicht schon jetzt darauf hinarbeiten können. Was würden Sie gerne als Nächstes tun? Brauchen Sie dafür Fähigkeiten, die Sie in Ihrem derzeitigen Job entwickeln können?

Überlegen Sie, in welchen Bereichen Ihres Jobs Sie gut sind und die Ihnen Spaß machen. Führen Sie gerne Verkaufsgespräche? Dann könnten Sie Ihr Präsentationsgeschick verbessern. Nehmen Sie an einem Gratis-Onlinekurs teil. Schauen Sie sich Vorträge zu unterschiedlichen Themen im Internet an (z. B. Videos von TED-Talks). Schauen Sie sich die besten Redner und Rednerinnen an, finden Sie deren Stärken heraus und versuchen Sie, es ihnen nachzutun. Üben Sie. Egal, welchen Aspekt Ihres Jobs Sie mögen – tun Sie, was immer nötig ist, um richtig gut darin zu werden, und weiten Sie diesen Arbeitsbereich möglichst aus.

Dass Ihr Job für Sie persönlich mehr Sinn bekommt, liegt ganz bei Ihnen. Und sollten Sie an Ihrem derzeitigen Arbeitsplatz keine neuen Fähigkeiten erwerben und auch keine Herausforderungen mehr finden können, dann halten Sie nach etwas anderem Ausschau, wo Ihnen das eventuell möglich ist.

Alex zum Beispiel sparte sechs Monate lang für eine Südamerikareise. Er arbeitete nachts als Regalauffüller in einem Supermarkt. Die Arbeit war extrem langweilig, eintönig und öde. Doch er lud sich einen Sprachkurs herunter und lernte beim Regalauffüllen Spanisch.

Sie können etwas Neues lernen, wiedererlernen oder vertiefen: in der Mittagspause, auf dem Weg zur Arbeit, am Abend oder am Wochenende. Izzy zum Beispiel wollte Programmieren lernen. „Das war ja etwas Nützliches, etwas, das ich in Zukunft freiberuflich und selbstbestimmt tun könnte. Ich machte zwei Kurse: einen übers Internet und einen an der Volkshochschule. Das hat mir richtig Spaß gemacht. Wenn ich jetzt in einer langweiligen Sitzung hocke, ärgere ich mich nicht mehr über diese Zeitverschwendung, sondern plane stattdessen im Kopf meine nächste Website oder löse eine Programmieraufgabe. Etwas zu haben, das anders ist und mit dem ich mich gern befasse, hat mir geholfen, glücklicher zu sein."

Glücksgewohnheit: Nehmen Sie sich an jedem Arbeitstag Zeit für kleine Freuden

Überlegen Sie sich, worauf Sie sich in der Mittagspause freuen können.

Vor ein paar Jahren begann Laura Archer all die Dinge aufzulisten, die sie in der Mittagspause tun könnte. Sie war nicht davon ausgegangen, dass ihr mehr als ein Dutzend einfallen würden, und so staunte sie nicht schlecht, als am Ende 40 Dinge auf ihrer Liste standen. Könnte sie sogar auf 52 kommen – eine Idee für jede Woche? Und siehe da, genau so war es. Diese Ideen finden Sie in Laura Archers Buch mit dem Titel: *Lunch Break: 52 Dinge, die du in deiner Mittagspause tun kannst. Garantiert 30 Urlaubstage mehr!*

Ernste Schwierigkeiten, Schicksalsschläge und Traumata

Wie Sie gesehen haben, kann man durchaus allerhand Möglichkeiten finden, um das Beste aus einem schlechten Job zu machen, auch wenn es schon einiges an Mühe und Überlegung kostet. Doch was ist bei ernsthaften Problemen? Wenn Sie gerade etwas oder jemand Wichtiges verloren haben? Wenn Sie den Tod eines Menschen oder das Ende einer Beziehung betrauern? Oder wenn Sie plötzlich ohne Wohnung oder Arbeit dastehen? Wie kann man da auch nur im Entferntesten daran denken, glücklich zu sein?!

Oder wenn Sie etwas unbedingt haben oder erreichen wollten – ein Kind, einen Berufsabschluss, einen Platz im Team oder eine Beförderung –, es dann aber nicht geklappt hat? Oder wenn Sie unter finanziellen Engpässen leiden? Oder wenn es einem Ihnen nahestehenden Menschen – dem Partner, dem Kind, den Eltern – schlecht geht und Sie das sehr mitnimmt (mehr darüber im nächsten Kapitel). (Du kannst nur so glücklich sein wie dein unglücklichstes Kind, hat mir einmal jemand gesagt. Das stimmt.)

All das macht traurig und führt dazu, dass man sich abkapselt und vereinsamt, unter Ängsten leidet und sich schutzlos ausgeliefert fühlt. Das ist auch der Fall, wenn Sie einen physisch oder psychisch beeinträchtigten Familienangehörigen über längere Zeit pflegen oder selbst physisch oder psychisch krank sind. Oder wenn Ihr Vertrauen missbraucht wurde, jemand Sie hintergangen oder in einer äußerst kritischen Lage im Stich gelassen hat. Oder wenn Sie unter permanenter Diskriminierung leiden, gemobbt oder schikaniert werden. Doch egal, worum es im Einzelnen geht – wenn Sie Ihrer Situation nicht mehr gewachsen oder gar am Boden zerstört sind, ist glücklich zu sein geradezu unvorstellbar. Wie auch? Schließlich erfüllen Traurigkeit und Enttäuschung, Schock und Kummer eine wichtige Aufgabe: Sie verlangsamen das Geschehen, damit Sie in Ruhe über alles nachdenken und es verarbeiten können. Damit Sie begreifen, dass das, was passiert ist, durch nichts und niemanden rückgängig gemacht werden kann und Sie sich an die neue Situation anpassen können.

Kontakt zu anderen Menschen aufnehmen

Es mag schwierig sein, und doch ist es unerlässlich. *Gehen Sie auf Menschen zu,* denen Sie vertrauen können: Freunde und Freundinnen, Familienangehörige, die zuhören und Sie trösten und/oder praktische Hilfe leisten können.

Falls Sie meinen, allein zurechtzukommen, seien Sie versichert: Die Unterstützung, die Ermutigung und der Trost anderer Menschen sind die größte Hilfe in einer Krise. Das sagen auch die meisten Teilnehmer und Teilnehmerinnen meines Resilienzkurses. Was immer Sie durchgemacht haben oder gerade durchmachen – holen Sie sich so viel Hilfe, wie Sie brauchen: Reden Sie mit einem Freund, einer Verwandten oder einem Therapeuten oder rufen Sie die Telefonseelsorge an.

Sprechen Sie mit anderen, die in einer ähnlichen Lage sind wie Sie, und kontaktieren Sie eine Selbsthilfegruppe oder einen Krisendienst. Dort werden Sie Menschen finden, die Ihre Lage verstehen können, und haben die Möglichkeit, sich über das auszutauschen, was Sie gerade quält: eine physische oder psychische Krankheit, die Pflege einer nahestehenden Person, eine Trennung, ein Todesfall, Ihre Entlassung, finanzielle Probleme etc. Außerdem erhalten Sie Informationen und Anregungen, wie Sie mit Ihrem Problem umgehen, darüber hinwegkommen oder sich besser fühlen können.

Sie können auch nachlesen, wie andere Menschen ihre Schwierigkeiten bewältigt haben. Einige haben Bücher darüber geschrieben, wie sie es geschafft haben – und wie auch Sie es schaffen können. Machen Sie sich deren Wissen und Erfahrung zunutze und lesen Sie Blogs und Bücher von Menschen, die schon an dem Punkt gestanden haben, wo Sie jetzt stehen.

Glücksgewohnheit: Gönnen Sie sich Trost und genießen Sie kleine Freuden

„Glück hat für mich die Form winziger, nebelverschleierter Sonnenstrahlen, die sich durch das Dunkel bohren."

(Rowan Coleman)

Wenn Sie wissen, dass Sie morgen Schmerzen haben und traurig sein werden, dann fällt es Ihnen vermutlich schwer, sich auf den nächsten Tag zu freuen. Entscheiden Sie also jeden Tag, worauf Sie sich freuen. Hier einige Anregungen:

- Und sei es noch so klein und gering: Nehmen Sie sich etwas vor, das Sie tun können und Ihnen Spaß macht: lesen, Kuchen backen, spazieren gehen, mit einer Freundin zu Mittag essen, allein oder im Chor singen, Kreuzworträtsel lösen, gärtnern, am Computer spielen – egal was, Hauptsache, Sie tun es gern.
- Schauen Sie sich einen Film an, der Ihre Laune bessert, ob im Kino oder auf YouTube. Betrachten Sie schöne Malereien oder Landschaftsbilder in Büchern, Ausstellungen oder im Internet.
- Hören Sie Musik. Durch Musik bekommt man leichter Zugang zu seinen Gefühlen: Wut, Traurigkeit und Freude. Musik hat eine beruhigende oder belebende Wirkung. Musik, die Sie ansprechend und anregend finden, kann Sie hoffnungsvoll stimmen und Ihnen Mut machen.
- Falls Sie ein Instrument spielen, dann greifen Sie dazu, wenn es hilft. Falls Sie ein Hobby oder Interesse haben, in das Sie „sich ganz und gar vertiefen" können, nutzen Sie das, um mit anderen Menschen zusammenzukommen und sich mit ihnen verbunden zu fühlen.
- Trösten Sie sich selbst. Denken Sie an schöne Dinge, die Sie tun können. Gehen Sie zur Massage. Gönnen Sie sich gesundes Trostessen. Tragen Sie Ihre Lieblingskleidung. Nehmen Sie ein warmes Bad oder duschen Sie heiß. Umarmen oder knuddeln Sie jemanden, der oder die sie liebt. Halten Sie Händchen oder gehen Sie Arm in Arm mit jemandem aus Ihrer Familie oder Ihrem Freundeskreis, der oder die Sie tröstet und Sie beruhigt.
- Tun Sie Menschen aus Ihrer Familie, Ihrem Freundeskreis, Ihrer Nachbarschaft oder Ihrem Arbeitsumfeld etwas Gutes – eine kleine freundliche Geste wird Sie von Ihren eigenen Problemen ablenken.
- Tun Sie, was immer Sie tröstet und erfreut, auch wenn es Überwindung kostet! Und zwar tagtäglich.

- Etwas zu tun, das Spaß macht, hilft über Probleme hinweg, selbst wenn Sie zuerst keine Lust dazu haben. Setzen Sie alle Hebel in Bewegung, um jeden Tag aus dem Haus zu kommen, und wenn Sie nur vor die Tür gehen.
- Erledigen Sie etwas Kleines, das Sie bisher aufgeschoben haben, wie z. B. eine Mail oder SMS beantworten oder einen überfälligen Termin machen. Putzen Sie die Toilette, wechseln Sie eine Glühbirne, falten oder hängen Sie herumliegende Kleidungsstücke auf, leeren Sie Ihre Mantel- und Jackentaschen, sortieren Sie Belege, Zugtickets etc. Kleine Dinge zu erledigen vermittelt Ihnen das Gefühl, dass Sie trotz allem Unglück wenigstens *etwas* geschafft haben.

In Bezug auf das Gute, das Sie in schwierigen Zeiten für sich tun können, gibt es kein Richtig oder Falsch. Es mag sich von dem unterscheiden, was andere Menschen für sich tun. Und was heute für Sie funktioniert, mag etwas anderes sein als vor ein paar Wochen oder Monaten.

So heißt es in einem Gedicht von Rainer Maria Rilke: „Lass dir Alles geschehn: Schönheit und Schrecken. Man muss nur gehn: Kein Gefühl ist das fernste."

Glücksgewohnheit: Halten Sie Ausschau nach den positiven Seiten des Lebens

In besonders anstrengenden Lebensphasen wirkt alles falsch, schlecht oder aussichtslos. Nichts ist mehr gut. Aber das stimmt nicht: Irgendetwas Gutes ist immer da, man braucht nur die Augen aufzumachen.

Selbst im schlimmsten Fall gibt es etwas, wofür man dankbar sein kann. Erinnern Sie sich an das, was ich Ihnen in Kapitel 4 vorgeschlagen habe? Dass Sie sich jeden Abend drei positive Dinge vergegenwärtigen, die am Tag passiert sind. Wenn Sie sich dies zur Gewohnheit machen, haben Sie in kritischen Lebensphasen etwas in der Hand, um mit Widrigkeiten fertigzuwerden.

Jeder Tag hat irgendetwas Positives. Nur ist es halt meistens nicht so offensichtlich. Sie müssen Augen und Ohren offenhalten und manchmal sogar intensiv danach suchen. Aber sie können selbst etwas dafür tun, um besser mit Notlagen zurechtzukommen, indem Sie üben, die positiven Seiten im Alltag zu erkennen.

Denken Sie daran: Es braucht ja nur diese kleinen Dinge – den Morgenkaffee, den Vogelgesang im Garten, eine humorvolle SMS von einem Freund, eine gute Fernsehsendung. Aber große gehen natürlich auch – vielleicht haben Sie einen guten Job, einen verständnisvollen Chef, Familienangehörige, Nachbarn oder Freundinnen, die Sie unterstützen.

Wie Zuversicht zufrieden macht

„[Es ist,] als wären alle Farben des Lebens gewichen und kehrten nie mehr zurück. In solchen Momenten kann man einfach nicht glauben, dass es eines Tages wieder besser wird, man scheint zur Traurigkeit bestimmt zu sein. Aber ich verspreche, das ist nicht der Fall. Ich habe selbst erlebt, wie mein ganzes Leben sich zu einem einzigen Grau eintrübte, aber auch, wie ich den Funken wiederfand."

(Ellen White)

In richtig schwierigen Situationen scheint es, als ob keinerlei Veränderung möglich wäre, als käme man einfach nicht vom Fleck. Tatsache ist jedoch: Sie *können* etwas dafür tun, dass es wieder vorwärtsgeht, doch erst, wenn Sie entscheiden, dass Sie das *wollen* und tatsächlich auch *tun* werden.

Positive Veränderungen beginnen mit Zuversicht. Zuversicht und Hoffnung sind untrennbar mit Glück verbunden. Hoffnung macht zuversichtlich, dass sich die Dinge schließlich zum Positiven wenden und es einem wieder besser gehen wird.

Meistens jedoch kommt das nicht von selbst. Es gibt keinen Schalter, mit dem man sie einfach so anknipsen könnte. Man kann sie aber über die innere Einstellung selbst erzeugen, so wie man auch über die innere Einstellung glücklich werden kann. Sie können es also steuern, Sie haben die Fähigkeit, zu hoffen und zuversichtlich zu sein. Wie? Indem Sie sich nicht mit dem beschäftigen, worauf Sie keinen Einfluss haben – das nimmt Ihnen die Hoffnung –, sondern mit dem, was Sie beeinflussen können – und dies wird Ihnen Hoffnung geben. Arbeiten Sie täglich und in kleinen Schritten an den Dingen, auf die Sie Einfluss haben, und Sie werden immer hoffungsvoller und zuversichtlicher werden.

Wie auch beim Glück sind erstrebenswerte Ziele die beste Methode, um Hoffnung zu erzeugen. 2017 schilderte die Journalistin Victoria Young in ihrem Artikel für die Sonntagsbeilage der Tageszeitung *Telegraph,* zu welcher Einsicht sie nach sechs traumatischen Fehlgeburten gelangte: „Ich durfte nicht länger warten, bis es mir besser ging."

Durch die Trauer war sie so egozentrisch geworden, dass sie nur noch mit der eigenen kleinen Welt beschäftigt war. Nach dieser Einsicht erstellte sie eine Liste mit Schritten, die sie innerhalb eines Jahres unternehmen würde.

„Ich fand Möglichkeiten, wie ich allmählich wieder mehr an andere denken konnte. Als Erstes engagierte ich mich ehrenamtlich an der Schule meines Sohnes. Dann begleitete ich eine ältere Freundin zur Pediküre und nahm mir dafür den Nachmittag frei. Als sie erkrankte, besuchte ich sie regelmäßig. Außerdem half ich bei einem Kiezfest mit. Ich versuchte, mich jeden Tag zu bewegen und Sport zu treiben: 10.000 Schritte gehen, Gymnastik im Park, Joggen gemeinsam mit anderen Müttern aus der Schule und manchmal Schwimmen im kühlen Ladies' Pond von Hampstead Heath. All das zeigte nicht nur körperlich Wirkung, sondern erst recht auch seelisch: Es war meine Rettung! Ich konnte noch so traurig oder schlecht drauf sein – meine Stimmung verbesserte sich immer, weil mich die körperliche Betätigung weg von meinen Gedanken hinein in die Gegenwart beförderte.

Als Mittel gegen die Vereinsamung trat ich einer Lesegruppe bei. Früher hatte ich solche Dinge immer als für mich unpassend abgelehnt, aber ich brauchte einfach Gesellschaft. Als ich so aus meiner Komfortzone des Alleinseins herausgezwungen wurde, stellte ich fest, dass mich die regelmäßigen Treffen mit anderen Frauen aufheiterten – obwohl ich manche von ihnen gar nicht kannte. Zusätzlich meldete ich mich noch für einen Kurs in Kreativem Schreiben an: eine geniale Art, um in das Leben anderer Menschen einzutauchen und mich von meiner eigenen Tragödie abzulenken.

Ich kaufte eine Nähmaschine, nahm an einem Nähkurs teil und schneiderte Vorhänge und Kissenbezüge. Meine Kreativität zu spüren löste bei mir sanfte Glücksgefühle aus."

Schon immer habe sie sich für Achtsamkeit interessiert, sagt Victoria, und so schließlich an einem Achtwochenkurs teilgenommen. Da sie den Fokus auf den gegenwärtigen Augenblick als „enorm erleichternd" und das Ganz-im-Körper-Sein als wohltuend empfand, begann sie damals, ein bis zwei Stunden wöchentlich Yoga zu machen. Ein Jahr lang ging sie zur psychologischen Beratung: „Das hat mir geholfen, mich über die vielen Dinge zu freuen, die ich habe, statt die zu bejammern, die mir fehlen."

Victoria stellte fest: „Diese Art von Trauer steckst du nicht mit einem Mal weg, das ist ein langwieriger Verarbeitungsprozess." Zwar habe die Zeit ihre Wunden nicht geheilt, doch weil sie so viel unternommen habe, um sich besser zu fühlen, habe die Traurigkeit nachgelassen.

„Eine ganze Weile konnte ich mir nichts anderes vorstellen, als traurig, verzweifelt und niedergeschlagen zu sein. Und dann ging es eines Tages doch, einfach so, wie von selbst. Infolgedessen bin ich dieses Jahr optimistischer und glücklicher, als ich es je für möglich gehalten hätte."

Obwohl Victoria sagt, der Wandel sei „einfach so, wie von selbst" gekommen, war er wahrscheinlich *Folge* der positiven Veränderungen, durch die sie sich Kontrolle, Ablenkung, Trost und kleine Freuden verschaffte und so erheblich weniger traurig, verzweifelt und niedergeschlagen sein konnte.

Das können Sie auch: die Kontrolle übernehmen und kleine Dinge verändern, die einen Wandel in Ihrem Leben anstoßen und Hoffnung wecken, und dann mit frischer Kraft voranschreiten. Nehmen Sie sich ein Beispiel an Victoria, öffnen Sie sich für neue Ideen und Herangehensweisen. Überlegen Sie sich ein oder mehrere Dinge, die Sie tun können – kleine machbare Schritte, die Sie vorwärts, in eine hellere Zukunft bringen. Sie befinden sich in der Startposition. Setzen Sie sich kleine, realistische und erreichbare Ziele, auf die Sie hinarbeiten können. Und dann gehen Sie los, einen Schritt nach dem anderen.

Denken Sie an die Worte von A.C. Grayling: „Glück kommt als Begleiterscheinung anderer Bestrebungen, die schon allein für sich genommen Befriedigung und Erfolgserlebnisse verschaffen."

Lassen Sie los und gehen Sie weiter

„Nehmen wir den Schmerz an uns und verbrennen wir ihn als Treibstoff für unsere Reise."

(Kenji Miyazawa)

Wenn man sich ewig daran festklammert, wie etwas früher oder heute „hätte sein sollen", dann ist es kein Wunder, dass man ewig unglücklich ist. Solche Erwartungen machen ohnmächtig. Solange man darin gefangen ist, kommt man nicht weiter.

Denken Sie nicht darüber nach, was unmöglich ist, sondern darüber, was möglich ist. Denken Sie nicht: „Das hätte nicht passieren dürfen" oder: „Das hätte anders sein sollen", sondern eher in Richtung: „Es könnte helfen, wenn …" oder „Ich werde versuchen …" oder „Ich könnte …" oder „Jetzt werde ich …".

Carol Sullivan hatte keine Hoffnung mehr, als sie 2013 durch Pfusch beim Bau ihres Bungalows 160.000 englische Pfund verlor. Die Bauarbeiter hatten Grund- mit Außenmauern verwechselt, sodass der Rohbau einsturzgefährdet war und abgerissen werden musste. Carol versuchte ihr Geld auf gerichtlichem Wege zurückzubekommen, aber die Verantwortlichen hatten sich ohne einen Penny auf ihrem Konto aus dem Staub gemacht.

Mit dem Abriss ihres Hauses konfrontiert und außerstande, jemanden dafür zu bezahlen, beschloss Carol, einen Maurerkurs zu machen und ihr Haus selbst wieder aufzubauen. Ein Jahr später, nachdem sie außerdem noch die Grundlagen des Klempnerns und Schreinerns erlernt hatte, konnte sie ihr neues Haus beziehen.

Journalisten erzählte sie: „Klar hatte ich eine Riesenaufgabe vor mir. In Maurerkursen lernt man ja normalerweise nur, Gartenmauern, Bögen und Kaminsimse zu bauen. Aber ich sagte zu den Lehrern, ich will ein Haus bauen."

Die Scheidungsanwältin nahm unbezahlten Urlaub, stand Montag bis Freitag um 6 Uhr morgens auf und arbeitete den ganzen Tag an ihrem Haus; am Wochenende dann zusammen mit ihrem Mann.

„Auf den Tag genau ein Jahr später zogen wir ein“, erzählte sie. „Zu diesem Zeitpunkt war das Haus noch ein Skelett. Ich habe alles selber gemacht, Rohre verlegt, die Elektrik installiert, Fenster und Türen geschreinert. Nur Dachdecken, Estrich gießen und Verputzen konnte ich nicht.“

Es war tatsächlich eine Riesenaufgabe, doch Carol wusste: Jeder Hausbau beginnt mit dem ersten Ziegelstein. Wenn sie also immer weitermachte, Stein für Stein, dann würde sie es schließlich schaffen.

KURZ UND BÜNDIG

- Glücklich zu sein wird zur echten Herausforderung, wenn Sie keinen Ausweg aus Ihrer Situation sehen und sich darin gefangen fühlen. Vielleicht liegt es daran, dass Sie einen öden und langweiligen Job haben, ihn aber nicht kündigen können. Was also tun? Führen Sie sich die positiven Seiten Ihres Jobs vor Augen und machen Sie das Beste aus Ihrer Arbeit, indem Sie sie mit Sinn und Bedeutung füllen.
- Nehmen Sie Ihre berufliche und persönliche Weiterentwicklung selbst in die Hand. Halten Sie nach Möglichkeiten Ausschau, wie Sie Dinge am Arbeitsplatz verändern und verbessern können.
- Wählen Sie einen Aspekt Ihrer Arbeit, der besonders nervig, schwierig, langweilig etc. ist, und machen Sie sich zur Aufgabe, hier etwas zu verbessern.
- Bereiten Sie sich auf einen Arbeitsplatzwechsel vor und denken Sie darüber nach: Welcher Aspekt Ihres derzeitigen Jobs macht Ihnen Spaß? Was können Sie gut? Gibt es da eine Fähigkeit, die Sie optimieren könnten? Oder möchten Sie etwas Neues lernen?
- Lernen Sie etwas Neues – an Ihrem Arbeitsplatz, über eine Umschulung oder ein Studium – und nutzen Sie dafür Ihre Mittagspausen, Anfahrtswege oder Wochenenden.
- Was ist, wenn Sie sich überhaupt nicht vorstellen können, glücklich zu sein, weil es Ihnen schlecht geht oder Sie in ernsthaften Schwierigkeiten stecken? Sie können trotzdem einen Weg finden, wie Sie das Beste daraus machen. *Wirklich.*
- Traurigkeit, Enttäuschung, Schock und Kummer haben einen Zweck: Sie entschleunigen und geben Zeit zum Nachdenken über das Vergangene und zur Anpassung an die veränderten Umstände.

- *Nehmen Sie Kontakt zu Menschen auf,* denen Sie vertrauen! Holen Sie sich unbedingt Unterstützung und reden Sie beispielsweise mit Freunden, Familienangehörigen, der Telefonseelsorge oder einer Therapeutin.
- Positive Veränderungen beginnen mit Hoffnung. Zuversicht ist ein wesentliches Element der Zufriedenheit. Sie stärkt das Vertrauen, dass es irgendwann wieder aufwärts geht und letztendlich alles gut wird.
- Denken Sie nicht immer wieder an das, was außerhalb Ihrer Kontrolle liegt und Sie pessimistisch stimmt, sondern an das, was Sie bestimmen *können* – und Sie optimistisch stimmt. Auf diese Weise können Sie sich selbst Hoffnung machen.
- Zielsetzungen machen nicht nur glücklich, sondern auch hoffnungsfroh. Ziele anzustreben ist mit die beste Methode, um Zuversicht zu gewinnen.
- Öffnen Sie sich neuen Ideen und Herangehensweisen. Überlegen Sie sich, was Sie tun können: kleine Schritte, die Sie in eine strahlendere Zukunft bringen. Sie befinden sich in der Startposition. Setzen Sie sich kleine, realistische und erreichbare Ziele, auf die Sie hinarbeiten können. Und dann gehen Sie los, einen Schritt nach dem anderen.

Glücksgewohnheiten

Wenn Sie in einem unliebsamen Job feststecken, nehmen Sie sich täglich Zeit für kleine Freuden.

Wenn Sie davon ausgehen, dass Ihnen ein Tag voller Schmerzen und Traurigkeit bevorsteht, können Sie sich kaum darauf freuen. Überwinden Sie sich und tun Sie etwas, das Ihnen Trost und Freude bereitet, egal was. Tun Sie jeden Tag aufs Neues etwas, das Ihnen Spaß macht und Sie aufmuntert.

Halten Sie nach den positiven Seiten Ausschau, auch wenn sie nicht so offensichtlich sein mögen. Vielleicht müssen Sie richtig danach suchen, doch selbst in den schwierigsten Zeiten gibt es immer etwas, wofür man dankbar sein kann.

6. Wie Sie anderen zu ihrem Glück verhelfen können

„Jemandem die Hand entgegenstrecken, um ihm aufzuhelfen, ist die beste Übung fürs Herz."

(John Holmes)

Nun, da Sie gelernt haben, wie Sie sich selbst glücklicher machen können, haben Sie vielleicht das Bedürfnis, dies an andere weiterzugeben. Ist ein guter Freund, Ihre Partnerin, Ihre Eltern, Ihr Sohn, Ihre Tochter, eine Verwandte unglücklich? Befindet sich diese Person vielleicht gerade in einer Krise und hat den Boden unter den Füßen verloren? Vielleicht ist sie mit ihrer Beziehung, ihrem Job oder ihrer Wohnung unzufrieden. Oder trauert um einen Menschen, ist schwer erkrankt, arbeitslos oder steckt in finanziellen Schwierigkeiten. In dieser Situation können Sie ihr eine Stütze sein und ihr zum Glück verhelfen.

Helfen Sie unglücklichen Menschen

Andere Menschen zu lieben bedeutet: Ihr Glück ist auch unseres. Daher ist es kein Wunder, dass es Ihnen nahegeht, wenn jemand, den oder die Sie lieben, unglücklich ist. Wie die Forschung gezeigt hat, sind Emotionen ansteckend: Wer glücklich ist, hat einen positiven Einfluss auf seine Mitmenschen (siehe Kapitel 4). Und umgekehrt: Wer unglücklich ist, hat einen negativen Einfluss auf seine Mitmenschen.

Wenn Menschen, die Sie lieben, unglücklich sind, macht Ihnen das nicht nur Kummer, sondern ist – ganz egozentrisch betrachtet – auch frustrierend. Das Unglück der anderen macht Sie unglücklich, und das wollen Sie nicht. Und deswegen versuchen Sie unwillkürlich, sie wieder auf die Beine zu bringen: Damit es Ihnen selbst wieder besser geht.

Eigentlich ist das ganz vernünftig, doch je stärker Sie sich auf das Unglück der anderen konzentrieren, umso mehr laufen Sie Gefahr, Ihr eigenes Glück von ihnen abhängig zu machen. Trennen Sie deshalb Ihre Gefühle von denen der anderen. Deren Kummer ist nicht identisch mit dem Kummer, den Sie ihretwegen haben.

Egal, ob die andere Person glücklich sein soll, damit auch Sie glücklich sein können, oder ob Sie aufrichtig meinen zu wissen, was gut für sie ist: Es kann nicht Ihre Mission, Ihr Ziel oder Ihr Projekt sein, diese andere Person „wieder ins Lot zu bringen" und sie glücklich zu machen. Das soll nicht heißen, dass Sie sie allein lassen. Es soll vielmehr heißen, dass Sie sie dabei unterstützen, selbst Lösungen zu finden, um glücklich zu werden, und nicht die Verantwortung für das Glück der anderen übernehmen. Doch wo ziehen Sie die Grenze? Wann leisten Sie noch Unterstützung beim Lösen von Problemen und ab welchem Punkt reißen Sie das Problem an sich? Wo werden Sie bereits mit in den Problemstrudel hineingezogen und an welcher Stelle meiden Sie die unglückliche Person? Was soll man am besten tun? Das zu entscheiden ist manchmal gar nicht so einfach. Doch es gibt einige Anhaltspunkte:

- *Lassen Sie den Betroffenen Zeit und Raum zum Unglücklichsein.* Es gibt einige gute Gründe, weshalb Menschen unglücklich sind: eine Enttäuschung, eine Niederlage, manchmal auch etwas Ernsthafteres. Die meisten kehren aber nach einer Weile zur Normalität zurück. Haben Sie Geduld. Sie brauchen gar nicht viel zu tun. Akzeptieren Sie den emotionalen Zustand der anderen und signalisieren Sie Ihre Bereitschaft, zuzuhören und, falls nötig, zu helfen.
- *Zeigen Sie Mitgefühl.* Versetzen Sie sich mittels Ihrer eigenen Erfahrungen in die Situation der Betroffenen und fühlen Sie sich in die anderen hinein, doch immer in dem Wissen, dass sie womöglich anders reagieren als Sie selbst.
- Die Krux mit dem Einfühlungsvermögen ist, dass man sich nicht immer einzufühlen vermag. Sie brauchen jedoch nicht dasselbe erlebt zu haben und auch nicht zu betonen, dass es Ihnen genauso ergehen würde. Nehmen Sie die Gefühle und Emotionen der Betroffenen zur Kenntnis und lassen Sie die Tatsache an sich heran, dass es ihnen mehr oder weniger schlecht geht.

- *Glauben Sie nicht, dass Sie jemanden dazu bringen können, mit Ihnen zu reden.* Und auch nicht, dass unglückliche Menschen Sie rund um die Uhr brauchen. Lassen Sie ihnen Freiraum, so bekommen auch Sie Abstand. Es ist nämlich nicht immer einfach, in der Nähe eines Menschen zu sein, der gerade unglücklich ist.
- *Lernen Sie, die Zeichen zu erkennen.* Wenn jemand, der oder die Ihnen nahesteht, regelmäßig oder häufig in ein Loch fällt: Wie kündigt sich das an? Sprechen Sie mit den Betreffenden, wenn es ihnen gut geht, um herauszufinden, wie Sie sie in schlechten Phasen unterstützen können. Überlegen Sie beide, was helfen könnte. Falls nichts davon funktioniert, versuchen Sie etwas anderes, so lange, bis Sie eine Lösung finden.
- *Schlagen Sie vor, professionelle Hilfe in Anspruch zu nehmen.* Vielleicht hat die betreffende Person psychische Probleme, was für Angehörige bekanntlich sehr belastend sein kann. Es gibt inzwischen Verbände, die auf ihren Websites Informationen und Beratung anbieten (in Deutschland z. B. ↗ http://www.bapk.de: Bundesverband der Angehörigen psychisch erkrankter Menschen, Anm. d. Ü.).
- Hilfe finden Sie auch bei Initiativen, die über psychische Erkrankungen aufklären und sich für ein Ende der Stigmatisierung und Diskriminierung psychisch kranker Menschen einsetzen, beispielsweise über die regionalen sozialpsychiatrischen Dienste oder das Aktionsbündnis Seelische Gesundheit (↗ http://www.seelischegesundheit.de, Anm. d. Ü.).
- *Erkennen Sie Ihre Grenzen und stehen Sie dazu.* Sie können niemanden dazu überreden, sich professionelle Hilfe zu suchen. Ihren Möglichkeiten sind nun einmal Grenzen gesetzt und es ist wichtig, diese zu akzeptieren. Wenn Sie sich eingestehen, was möglich ist und was nicht, werden Sie sich weniger machtlos vorkommen.
- *Verhalten Sie sich normal.* Sie brauchen in der Gegenwart eines unglücklichen, Ihnen nahestehenden Menschen Ihr eigenes Glück nicht zu verstecken. Im Gegenteil: Zeigen Sie es! Denn je stabiler und positiver gestimmt Sie sind, umso besser sind Sie in der Lage, die anderen zu unterstützen und aufzumuntern.

Helfen Sie anderen, glücklich zu sein

Vielleicht möchte die betreffende Person etwas an ihrem unglücklichen Zustand ändern, weiß jedoch nicht wie. In diesem Fall können Sie tatsächlich helfen, und zwar folgendermaßen:

Helfen Sie einem unglücklichen Menschen, Ziele zu setzen

Jeder Mensch braucht Sinnhaftigkeit im Leben. Hierin sind wir uns alle gleich. Wir brauchen etwas, worauf wir hinarbeiten können. Wir brauchen Ziele.

Sprechen Sie mit der betreffenden Person darüber, was ihr wichtig ist, worauf sie gerne hinarbeiten würde. Vielleicht möchte sie sich beruflich verändern, vielleicht möchte sie umschulen oder etwas Neues lernen. Vielleicht möchte sie ihren verhassten Job kündigen, ihr langweiliges Studium schmeißen oder ihre unglückliche Beziehung beenden.

Egal, was für Ziele sich die andere Person setzt – bringen Sie sie zum Nachdenken, etwa mit folgenden Fragen:

- Wie verhält sich deine jetzige Situation zu deiner Wunschsituation, deinem Ziel? Was von dem, das du brauchst, hast du schon jetzt? Was kannst du, was weißt du, welche Ressourcen stehen dir zur Verfügung?
- Welche hilfreichen Informationen oder Ressourcen brauchst du außerdem noch?
- Welche Optionen und Möglichkeiten stehen dir offen? Auf welchem Weg könntest du am besten an dein Ziel oder deine Ziele gelangen?
- Welche Schritte könntest du unternehmen, um dorthin zu gelangen?
- Worin könnte der erste Schritt bestehen?

Ermutigen Sie die andere Person, sich auf bestimmte Schritte festzulegen, um überhaupt erst einmal in Bewegung zu kommen. Helfen Sie ihr zu erkennen, was sie tun kann, und dieses dann eins nach dem anderen in die Tat umzusetzen.

Machen Sie Mut

Unabhängig vom Ziel besteht die beste Hilfe darin, der anderen Person Mut zuzusprechen. Vielleicht fehlt es ihr an Mut – um etwas sein zu lassen, zu beginnen oder trotz Schwierigkeiten fortzusetzen.

Denken Sie an Momente, wo jemand anderes Ihnen Mut gemacht hat. Vielleicht hat sich dieser Mensch einfach nur dafür interessiert, was Sie taten oder tun wollten. Hat sein Zuspruch einen positiven Effekt auf Sie gehabt? Tun Sie das Gleiche für jemand anderen. Vielleicht glaubt die andere Person, sie sei nicht stark genug, sich etwas zu trauen, eine unsinnige Verpflichtung abzulehnen oder eine schwierige Aufgabe zu Ende zu führen. Motivieren Sie sie zu einem mutigen Schritt.

Andere zu ermutigen bedeutet allerdings nicht, ihre Schwierigkeiten zu ignorieren. Im Gegenteil – gehen Sie darauf ein und sagen Sie der betreffenden Person, dass sie es schaffen wird. Zeigen sich bei ihr Ermattungserscheinungen, finden Sie heraus, was genau sie befürchtet. Stellen Sie ihre Qualitäten, Stärken und Ressourcen heraus, mit deren Hilfe sie ihr Ziel erreichen wird. Erinnern Sie sie an die Gründe für ihre Zielsetzung: was sie davon haben und wie gut sich dies auf ihre Situation oder ihr Wohlbefinden auswirken wird. Regen Sie sie dazu an, den zukünftigen Erfolg zu visualisieren: Wie sieht es aus, wenn das Ziel erreicht ist, wie fühlt es sich an? Welche Möglichkeiten nimmt sie wahr und wie fühlen sich diese an? Auf diese Weise kommen die Betreffenden zu einem klaren Bild dessen, wonach sie streben.

Doch sparen Sie Ihre positiven Kommentare nicht auf, bis der Erfolg sich eingestellt hat oder das Ziel erreicht wurde. Loben Sie, machen Sie Komplimente, sobald Sie einen Fortschritt bemerken. Erkennen Sie an, dass die anderen sich Mühe gegeben haben, und heben sie ihre Leistungen hervor. Kommt Ihnen ein ermutigender Gedanke, halten Sie damit nicht hinterm Berg. Sprechen Sie ihn aus! Sagen Sie es – persönlich, telefonisch oder schriftlich.

Loben Sie und machen Sie Komplimente

Lob und Komplimente können für kurze Glücksmomente sorgen, vielleicht den Tag retten oder gar lebenslang in Erinnerung bleiben!

Komplimente kann man für vieles machen: für etwas, das erreicht oder überwunden wurde, für eine besondere Leistung oder den großen zeitlichen Einsatz für andere Menschen. Vielleicht trägt die betreffende Person aber auch nur etwas Schönes, das ihr gut steht. Dann sagen Sie es ihr! Machen Sie sich keine Sorgen über die hundertprozentig richtige Formulierung. Eine etwas unbeholfen geäußerte Äußerung, die aber von Herzen kommt, ist besser, als nichts zu sagen.

Sagen Sie als Erstes, warum oder wofür Sie loben oder ein Kompliment machen, und seien Sie dabei präzise. Es sind die präzisen Komplimente, die besonders gut im Gedächtnis haften, denn sie sind Beweise Ihrer Aufmerksamkeit. Zum Beispiel:

- Wie souverän du auf der Konferenz mit dieser Frage umgegangen bist! Damit hast du die Diskussion wieder genau auf den Punkt gebracht.
- Super, wie du deine Kinder beschäftigt hast, als wir ganze vier Stunden auf unseren Flug warten mussten!
- Ich bewundere deine Geduld mit diesem unverschämten Kunden. Das hast du wirklich gut gedeichselt. Alle Achtung.
- Toller Hut! Du hast ihn so aufgesetzt, dass er perfekt sitzt.
- Mir gefällt deine Wohnung! Schöner Wohnzimmerteppich – wo ist der her?

Überlegen Sie sich Möglichkeiten, das Verhalten anderer Menschen zu loben. Honorieren Sie persönliche Eigenschaften oder besondere Leistungen: die Sorge, Mühe und Zeit, die jemand aufgewendet hat. Achten Sie auf die Kleidung und das Aussehen der anderen. Ein (angemessenes) Kompliment für das Erscheinungsbild zu bekommen fühlt sich meistens gut an.

Achten Sie darauf, wie Menschen in Ihrer Umgebung arbeiten, etwa der Kellner im Café oder die Verkäuferin im Laden, Ihr Kollege im Büro oder eine Unternehmerin. Äußern Sie sich positiv über deren Arbeit oder Geschäft.

Halten Sie Ausschau nach Menschen, denen Sie heute ein Kompliment machen können. Wenn Ihnen gefällt, was jemand trägt, getan oder hergestellt hat oder was auch immer – behalten Sie es nicht für sich. Sagen Sie es! Lassen Sie die andere Person wissen, dass sie ihre Intentionen, Bemühungen oder Handlungen wahrgenommen haben, und tragen Sie auf diese Weise etwas dazu bei, dass sie mit sich selbst und ihrem Können zufrieden ist.

Äußern Sie Ihre Wertschätzung verbal

Bemühen Sie sich darum, sich aufrichtig zu bedanken. Fassen Sie das Gute, das Ihnen jemand getan hat, in Worte. Der- oder diejenige wird sich darüber freuen – und glücklich sein. Erklären sie, welchen Effekt die Wohltat der anderen Person auf Sie gehabt hat. Hier ein paar Beispiele:

- Danke für deine Mühe, du hast mir damit viel Zeit erspart.
- Danke für deine Restaurantempfehlung. Wir fanden es ausgezeichnet und haben uns dort sehr wohlgefühlt.
- Vielen Dank für deine Erklärung. Mit deiner Hilfe habe ich das Ganze viel besser verstanden.

Ob es nun ein Freund ist, der Ihnen zugehört hat, oder eine Firma oder eine Person, die ihre Arbeit gut gemacht hat – wenn Sie den Betreffenden mitteilen, dass sie Ihnen etwas Gutes getan haben, können sie mit sich selbst zufrieden sein, weil sie wissen, was sie bei Ihnen bewirkt haben.

Zeigen Sie Ihre Wertschätzung

Jemanden oder etwas wertzuschätzen heißt, dass Sie etwas, das diese Person Ihnen getan oder gegeben hat – ihre Zeit, ihren Rat, ihre Unterstützung oder Zuwendung – als wertvoll anerkennen. Wertschätzung und Dank können und sollten nicht nur verbal kommuniziert werden, *sondern vor allem auch über das Verhalten und den Gefühlsausdruck.*

Damit geben Sie etwas zurück und zeigen sich erkenntlich. Hauptsache, es ist angemessen – große Gesten sind nicht notwendig.

Wenn ein Freund zum Beispiel etwas für Sie repariert und Ihnen dadurch Zeit, Mühe und Geld erspart hat, dann könnten Sie ihm zum Dank einen Kuchen backen oder ihm eine Flasche Wein oder was immer sein Lieblingsgetränk ist schenken. Oder wenn jemand aus Ihrer Familie Ihnen sein Auto leiht, dann könnten Sie sich erkenntlich zeigen, indem Sie es für ihn durch die Waschanlage fahren. Bedanken Sie sich und sagen Sie, wie wertvoll etwas für Sie gewesen ist: „Danke, dass du mein Fahrrad repariert hast / mir dein Auto geliehen hast – ich hätte es sonst nicht zum gemeinsamen Mittagsessen mit meinen Freundinnen geschafft. Dafür habe ich dir einen Kuchen gebacken / dir eine Flasche Wein gekauft / dein Auto waschen lassen."

Glücksgewohnheit: Seien Sie nett!

Achten Sie mehr auf andere Menschen, auch darauf, wie es ihnen geht und was sie tun. Überlegen Sie sich, wie Sie sie aufmuntern, loben und ihnen Komplimente machen und damit Ihre Wertschätzung zeigen und zum Ausdruck bringen können.

Kleine Freuden

„Es macht viel glücklicher, anderen eine Freude zu bereiten. Deshalb sollte man sich reiflich überlegen, was und wie man selbst zum Glück anderer beitragen kann."

– Eleanor Roosevelt

Beglücken können Sie andere Menschen auf ganz unterschiedlichste Art und Weise. Was immer funktioniert, ist, sie zu ermutigen, zu loben, ihnen Komplimente zu machen und Ihre Wertschätzung für sie in Worten und Taten zum Ausdruck zu bringen. Es müssen keine großen Gesten sein, denn auch kleine Dinge, die nicht viel Mühe kosten, können einem Menschen, dem vielleicht gerade ein wenig Aufmunterung / ein kleiner Schuss Glück guttäte, viel bedeuten.

- Sorgen Sie dafür, dass jemand anderes den Tag mit einem Lächeln beginnen kann. Schicken Sie gleich morgen früh eine Nachricht: „Guten Morgen! Wie geht's dir?"
- Nehmen Sie jemandem eine Arbeit ab, die Sie normalerweise nicht für ihn oder sie tun: kochen, einkaufen, abwaschen, Müll wegbringen, die Toilette putzen, das Auto waschen, den Toner vom Drucker auswechseln usw.
- Schreiben Sie einer Ihnen nahestehenden Person etwas Nettes auf einen Zettel und verstecken Sie diesen so, dass sie ihn später findet.
- Seien Sie großzügig, nicht nur mit Trinkgeld, sondern auch mit Ihrer Zeit, Ihrem Geld, Ihrem Besitz, Ihrer Energie und Ihren Fähigkeiten. Großzügig zu sein bedeutet, mehr zu geben als erwartet. Das bietet sich immer dann an, wenn Sie feststellen, dass Ihr Extraaufwand dem anderen wirklich guttut.
- Nehmen Sie ein altes Foto, das Sie zusammen mit einer Freundin oder einem Familienangehörigen zeigt, und schicken oder schenken Sie es dieser Person.
- Überraschen Sie eine Freundin mit einem Geschenk. Wenn es sich um etwas handelt, dass nicht viel kostet und worüber sich die Freundin sehr freuen würde, dann warten Sie nicht bis zu ihrem Geburtstag, sondern geben oder schicken Sie es ihr jetzt gleich.
- Schreiben Sie anderen eine Karte, nur damit sie wissen, dass Sie an sie denken.
- Hat ein Kollege einen schlechten Tag? Bringen Sie ihm einen Kaffee.
- Bieten Sie anderen an, etwas für sie abzuholen oder wegzubringen.
- Seien Sie offen für andere. Laden Sie sie ein, an Ihren Gesprächen oder Aktivitäten teilzuhaben.
- Heißen Sie alle Menschen gleichermaßen willkommen und sorgen Sie dafür, dass Sie sich wohlfühlen. Zeigen Sie, dass Sie sich freuen, sie zu sehen: Kunden, neue Kollegen oder Vereinsmitglieder, Freunde und Angehörige, die Sie zu Hause besuchen.
- Laden Sie andere Menschen ein, mit Ihnen gemeinsam etwas zu unternehmen: ins Kino, zu einer Theateraufführung, einem Spaziergang oder einem Essen. Wie oft ergreifen Sie die Initiative? Oder ist es immer die andere Person, die sich um die Verabredung kümmert?

- Wenn jemand mit Ihnen über seine Ziele gesprochen hat und Sie später zufällig auf dafür relevante Informationen stoßen, dann geben Sie sie an ihn weiter.
- Wenn Sie von einer Veranstaltung oder einem Ort hören – einer Ausstellung, einem Film, einem Konzert, einer Party, einem Feuerwerk, einem Straßenfest, einem neuen Teegeschäft oder einem offenen Garten – und Sie wissen, dass jemand aus Ihrem Bekanntenkreis sich darüber freuen würde, dann fragen Sie, ob er oder sie Lust hätte, gemeinsam dorthin zu gehen.
- Wenn jemand, den oder die Sie kennen, es gerade schwer hat, rufen Sie an oder schreiben Sie eine Karte, eine E-Mail oder eine Textnachricht. Kochen Sie etwas oder schicken Sie Blumen oder ein anderes Zeichen Ihrer Anteilnahme.
- Lassen Sie im Supermarkt jemanden vor, der oder die es offenbar eilig hat.
- Kaufen Sie Kolleginnen, Nachbarn, Familienangehörigen oder Freundinnen Kuchen oder frisches Obst wie zum Beispiel Erdbeeren oder Himbeeren und überraschen Sie sie damit.
- Bieten Sie Handwerkern in Ihrem Haus – dem Elektriker, der Klempnerin, dem Maler oder jemandem, der Ihre Waschmaschine repariert – nicht nur etwas zum Trinken an, sondern auch richtig leckere Kekse.
- Misten Sie aus und geben Sie Sachen weg, zum Beispiel über Online-Verschenknetzwerke wie Freecycle.
- Geben Sie Ihr Wissen und Können weiter. Hat jemand Interesse gezeigt an etwas, worin Sie gut sind? Etwa im Fotografieren, Zubereiten mexikanischer Gerichte, Programmieren von Websites oder Gärtnern? Dann bieten Sie an, ihnen dabei zu helfen, es selbst zu lernen.
- Hinterlassen Sie positive Bewertungen. Diese sind gerade für kleine Betriebe manchmal ausschlaggebend. Ob es sich um ein Restaurant handelt, auf das Sie im Urlaub gestoßen sind, oder das Bistro in Ihrer Straße – hinterlassen Sie eine positive Bewertung. Damit könnten Sie jemandem den Tag versüßen.

- Wenn Sie einmal wieder etwas lesen, das Sie ermutigt oder motiviert, teilen Sie es dem Autor/der Autorin mit. Hinterlassen Sie einen Kommentar auf der Website oder dem Blog, dass Ihnen der Text geholfen oder Sie inspiriert hat, oder schreiben Sie eine positive Kritik.
- Machen Sie andere Menschen glücklich, indem Sie sie beim Erreichen eines Ziels unterstützen. Vielleicht haben Sie einen Freund, der über eine Crowdfundingplattform Geld für einen guten Zweck sammelt und sich über Ihre Spende freut. Oder tun Sie sich als Fitnesspartner mit einer Freundin zusammen, die gerne abnehmen möchte.
- Geben Sie positives Feedback, wenn Ihnen ein guter Service zuteilwird. Da die meisten Kunden tendenziell eher Beschwerden äußern, werden sich Angestellte wie Geschäftsleitung erst recht über das Lob freuen.
- Machen Sie Eltern Komplimente, etwa wenn Sie sehen, wie gut jemand mit einem schwierigen Kleinkind umgeht.
- Retten Sie Leben: Spenden Sie Blut. Blutspenden retten nicht nur in Notfällen, sondern auch bei chronischen Krankheiten. Die verschiedenen Bestandteile des Bluts – rote Blutkörperchen, Plasma und Plättchen – leisten in vielen verschiedenen Situationen lebensnotwendige Dienste. Gehen Sie z. B. auf www.blutspende.de (d. Ü.)
- Helfen Sie Menschen, die ein Spenderorgan brauchen. Besorgen Sie sich einen Organspendeausweis und spenden Sie Gewebe und Organe. Unter bestimmten Umständen kann man schon zu Lebzeiten Gewebe spenden. Erkundigen Sie sich beim Deutschen Institut für Zell- und Gewebeersatz (↗ http://www.dizg.de) oder bei ↗ http://www.organspende-info.de (d. Ü.).

KURZ UND BÜNDIG

- Versetzen Sie sich in die Situation von unglücklichen Menschen, die Ihnen nahestehen.
- Sie sind nicht dazu berufen, andere „wiederherzustellen“ und glücklich zu machen, egal, ob Sie meinen, die Lösungen für ihre Probleme zu kennen oder weil Sie hoffen, dadurch selbst glücklich zu werden. Es reicht aus, andere Menschen zu unterstützen.
- Zeigen Sie Mitgefühl. Versetzen Sie sich mithilfe von Erinnerungen an ähnliche Erlebnisse in die Lage der anderen, jedoch immer im Bewusstsein, dass Sie selbst vielleicht anders denken und fühlen. Gehen Sie nicht davon aus, dass Sie die anderen zum Reden bringen können, sondern gewähren Sie ihnen Zeit und Raum zum Unglücklichsein.
- Wenn es der betreffenden Person passt, versuchen Sie mit ihr zu reden, um gemeinsam zu überlegen, wie Sie sie in dieser schwierigen Phase am besten unterstützen können.
- Seien Sie sich bewusst, dass Sie immer nur begrenzt helfen können. Akzeptieren Sie das, was möglich ist. Passen Sie auf, dass Sie sich den anderen nicht ausliefern, achten Sie auf sich selbst und setzen Sie Grenzen.
- Schlagen Sie gegebenenfalls professionelle Hilfe vor. Doch glauben Sie nicht, dass Sie irgendjemanden dazu überreden könnten, diese tatsächlich auch in Anspruch zu nehmen.
- Verhalten Sie sich normal und bleiben Sie Sie selbst – auch wenn Sie glücklich sind. Je stabiler und zuversichtlicher Sie sind, desto wahrscheinlicher sind Sie in der Lage, die andere Person zu unterstützen und zu ermutigen.
- Falls die Betreffenden nicht wissen, wie sie aus ihrer unglücklichen Situation herauskommen können, helfen Sie ihnen auf die Sprünge.
- Helfen Sie anderen, herauszufinden, was sie tun und anstreben könnten. Ermutigen Sie sie, einen Schritt nach dem anderen zu gehen.
- Mit Ihrem Zuspruch motivieren Sie andere zu einem mutigen Schritt nach vorn: neu anzufangen, auszusteigen oder bis zur Vollendung durchzuhalten, zu einer unnötigen Pflicht „Nein“ bzw. zu einer Herausforderung „Ja“ zu sagen.
- Wenn Sie jemanden ermutigen, weisen Sie ruhig auf die Schwierigkeiten hin, stellen Sie aber auch vorhandene Qualitäten, Stärken und Ressourcen heraus, die beim Erreichen des Ziels helfen. Erinnern Sie

die Betreffenden an den Grund ihres Vorhabens und daran, was sie dadurch gewinnen. Animieren Sie sie, den Erfolg zu visualisieren, wie er aussieht und sich anfühlt. Und zeigen Sie bei Fortschritten Lob und Bewunderung.

- Mit Komplimenten verschenken Sie Glücksmomente. Womöglich retten Sie jemandem damit den Tag oder bescheren diesem Menschen gar eine bleibende Erinnerung!
- Wenn Ihnen gefällt, was jemand anders trägt, getan oder angefertigt hat, behalten Sie es nicht für sich, sondern sagen Sie es. Lassen Sie die anderen wissen, dass ihre Intentionen, Bemühungen oder Handlungen nicht unbemerkt geblieben sind. Damit helfen Sie ihnen, sich über sich selbst und ihre Fähigkeiten zu freuen.
- Zeigen Sie Ihre Wertschätzung. Geben Sie sich einen Ruck und sagen Sie danke. Erklären Sie der anderen Person, was sie Ihnen Gutes getan hat: Zu erfahren, dass man etwas zum Positiven verändern konnte, macht glücklich.
- Drücken Sie Ihre Wertschätzung nicht nur mit Worten aus, sondern auch mit Taten. Es braucht keine große Geste, etwas Kleines ist völlig ausreichend.
- Mehren Sie die kleinen Freuden anderer Menschen. Kleine Dinge, die nicht viel Mühe bereiten, sind sehr effektiv bei Menschen, die gerade ein wenig Aufmunterung/einen kleinen Schuss Glück gebrauchen könnten.

Glücksgewohnheit

Achten Sie auf Gelegenheiten, wo Sie andere ermutigen, loben, ihnen Komplimente machen und Ihrer Wertschätzung Ausdruck verleihen können.

Nützliche Websites und Bücher

Websites

Mobbing, Schikane und häusliche Gewalt

↗ http://www.hilfetelefon.de
Beratungsangebot für Frauen, die Gewalt erlebt haben oder noch erleben

Mobbingberatungsstellen einzelner Städte und Bundesländer wie z. B. ↗ http://www.mobbingberatung-bb.de für Berlin und Brandenburg oder ↗ http://www.mobbing-frankfurt.de für Frankfurt am Main usw.

↗ http://www.frauen-gegen-gewalt.de

Ideen für kleine Freuden

↗ http://www.1000AwesomeThings.com
↗ http://www.zeitblueten.com

Vernetzung

↗ http://www.meetup.com
↗ http://www.nebenan.de

Ehrenamtliche Arbeit

↗ https://govolunteer.com/de
↗ http://www.ehrenamtssuche.de

Berufsberatung

↗ http://www.karrierebibel.de

Weiterbildung

↗ http://www.ihk.de/weiterbildung
↗ http://www.volkshochschule.de/

Unterstützung für Angehörige psychisch kranker Menschen

Bundesverband der Angehörigen psychisch erkrankter Menschen e. V.:
↗ http://www.bapk.de
↗ http://www.psychiatrie.de

Bücher

Archer, Laura (2018): *Lunch Break: 52 Dinge, die du in deiner Mittagspause tun kannst. Garantiert 30 Urlaubstage mehr!* Stuttgart: BusseSeewald.

Bolles, Richard N. (2017): *Durchstarten zum Traumjob. Das Workbook.* München: Campus.

Seligman, Martin (2012): *Flourish – wie Menschen aufblühen.* München: Kösel.

Ware, Bronnie (2013): *5 Dinge, die Sterbende am meisten bereuen: Einsichten, die Ihr Leben verändern werden.* München: Goldmann.

Über die Autorin

Gill Hasson ist Lehrerin, Trainerin und Autorin des Bestsellers „Mindfulness and Emotional Intelligence" sowie von zahlreichen Publikationen, hauptsächlich zum Thema persönliche Weiterentwicklung mit Schwerpunkt Selbstbewusstsein und Selbstwertgefühl, Kommunikationsfähigkeiten, Durchsetzungsvermögen und Resilienz – Bereiche, in denen sie in mehr als 20 Jahren wertvolle Erfahrungen sammeln konnte.

Sie ist als Trainerin und Dozentin im Bildungs- und Erziehungsbereich, in Unternehmen, gemeinnützigen Organisationen sowie Behörden tätig.

Was sie am meisten interessiert und motiviert: Menschen bei der Verwirklichung des eigenen Potenzials zu helfen!

↗ http://www.gillhasson.co.uk.